史良法学文库 拾玖

主编◎曹义孙

阮丽娟 著

环境影响评价审批的司法审查研究

HUANJING YINGXIANG PINGJIA
SHENPI DE SIFA SHENCHA YANJIU

中国政法大学出版社

2019·北京

图书在版编目（ＣＩＰ）数据

环境影响评价审批的司法审查研究/阮丽娟著. —北京:中国政法大学出版社,2019.11
ISBN 978-7-5620-9361-9

Ⅰ.①环… Ⅱ.①阮… Ⅲ.①环境影响评价法－司法监督－研究－中国 Ⅳ.①D922.680.4

中国版本图书馆 CIP 数据核字(2019)第 275362 号

出 版 者　　中国政法大学出版社

地　　址　　北京市海淀区西土城路 25 号

邮寄地址　　北京 100088 信箱 8034 分箱　　邮编 100088

网　　址　　http://www.cuplpress.com（网络实名：中国政法大学出版社）

电　　话　　010-58908586(编辑部) 58908334(邮购部)

编辑邮箱　　zhengfadch@126.com

承　　印　　固安华明印业有限公司

开　　本　　720mm×960mm　　1/16

印　　张　　11.5

字　　数　　200 千字

版　　次　　2019 年 11 月第 1 版

印　　次　　2019 年 11 月第 1 次印刷

定　　价　　39.00 元

编 委 会

出版说明

一、《史良法学文库》是史良法学院组织编辑的开放式法学系列文库，旨在传承民盟先贤厉行法治的理念，纪念和缅怀为中国法律近代化作出过重要贡献并在中国现代法制史上享有崇高声誉的史良先生。

二、史良法学院教师（含特聘教授、兼职教授及其他特邀研究人员）的专著、主编的著作或丛书以及史良法学院学生的优秀作品，经文库编委会审核通过，均可纳入文库。

三、纳入文库的著作包括法学著作，也包括与法学研究密切相关、对法学研究起到支撑作用的部分其他关联学科的研究成果。

四、符合条件的著作，一经纳入文库，将统一编制出版序号。

五、除在封面显著位置标示文库 LOGO 及统一编制的文库序号外，对出版社、版式、装帧等，均不作统一要求。

《史良法学文库》编辑部

目 录
CONTENTS

绪 论

一、问题的提出

因为环境问题一旦发生，往往难以消除和恢复或耗资巨大，甚至不可逆转。为有效解决环境问题，现代国家逐渐由原本分散、事后补救型的公害防治行政朝向统合、事前预防性的环境保护行政方向发展。环境影响评价（以下简称"环评"）作为从源头预防和减轻环境污染的"阀门"，最先规定于美国的《国家环境政策法》（NEPA），在全球环境污染、生态破坏加剧，环境保护已成为普世价值的背景下，其已扩散至世界不同的角落，并被誉为"最成功的环境保护制度之一"。[1] 目前已有100多个国家建立了环评制度。

为推动环境保护，环评制度亦被我国立法所吸纳，首见于1979年的《中华人民共和国环境保护法（试行）》第6条。该条规定了企事业单位"在进行新建、改建和扩建工程时，必须提出对环境影响的报告书，经环境保护部门和其他有关部门审查批准后才能进行设计"。此规定被1989年的《中华人民共和国环境保护法》（以下简称《环境保护法》）所继承，其第13条第2款规定："建设项目的环境影响报告书，必须对建设项目产生的污染和对环境的影响作出评价，规定防治措施，经项目主管部门预审并依照规定的程序报环境保护行政主管部门批准。环境影响报告书经批准后，计划部门方可批准建设项目设计任务书。"此后，《中华人民共和国环境影响评价法》（2002年，以下简称《环境影响评价法》）与《规划环境影响评价条例》（2009年）的先后出台，标志着我国规制环评制度的法律规范体系已逐步建立并不断完善。

---

[1] Caldwell, L. K., "Beyond NEPA: Future significance of the National Environmental Policy Act", *Harvard Environmental Law Review*, 22（1），pp. 203~239（1998）.

　　此后，环保法律的不断修订亦极大地促进了环评制度的完善。2014 年修订的《环境保护法》第 19 条规定："编制有关开发利用规划，建设对环境有影响的项目，应当依法进行环境影响评价。未依法进行环境影响评价的开发利用规划，不得组织实施；未依法进行环境影响评价的建设项目，不得开工建设。"2015 年对《中华人民共和国大气污染防治法》（以下简称《大气污染防治法》）及《中华人民共和国固体废物污染环境防治法》（以下简称《固体废物污染环境防治法》）进行了修订，分别要求建设对大气环境有影响的项目或建设产生固体废物的项目以及建设贮存、利用、处置固体废物的项目，必须依法进行环评。2016 年《环境影响评价法》的修正，取消审批前置和登记表审批，对"未批先建"项目要求按投资额处以 1%至 5%的罚款，极大震慑了环评违法行为。2018 年《环境影响评价法》修订，取消"建设项目环境影响评价技术服务机构资质认定"行政许可事项。

　　随着环评法律的制定与不断修订，历经四十年的发展，我国环评制度已相对完整。但这个预防污染的"阀门"却因为种种原因仍未完全关紧，将污染扼杀在萌芽状态的设想目标也并未完全实现。[1]如下两个现象恰恰说明此问题：一是环评高执行率的背后却是环境污染的不断加剧。根据原环境保护部（现生态环境部，下同）公布的数据，自 2000 年起我国环评执行率都在 97%以上[2]。但是，在如此高的环评执行率下，全国环境质量不仅没有得到实质改善，反而在趋向恶化。据原环境保护部总工程师万本太透露，目前我国 26%的环保重点城市[3]空气质量恶化，20%的水质

---

〔1〕 王山山："环评乱象——正常产业链滋生的灰色利益链"，载《中国经济周刊》2014 年第 12 期。

〔2〕 参见"2000~2013 年原环境保护部的年度环境状况公报"，载 http://www.mee.gov.cn/hjzl/zghjzkgb/lnzghjzkgb/，访问日期：2019 年 6 月 5 日。

〔3〕 2007 年《国家环境保护"十一五"规划》明确了 113 个城市为环保重点城市，这 113 个环保重点城市包括：北京等 4 个直辖市；太原、昆明、呼和浩特、贵阳等 27 个省会城市；大连、青岛、宁波、厦门、深圳等 5 个计划单列市；邯郸、长治、临汾、阳泉、大同、包头、赤峰、温州、珠海、延安、克拉玛依等 77 个其他城市。

为劣 V 类，还有约 10% 的耕地面积重金属超标[1]；二是公众针对已通过环评的项目抗争不断，如近年来媒体曝光的"厦门 PX 项目事件""四川什邡事件""江苏启东事件""深圳深港西部通道环境影响报告书审批案""北京圆明园东部湖底防渗工程环境影响报告书审批案""云南怒江水电建设规划与项目争议案""北京地铁四号线工程震动妨害争议案"等。这说明，环评高执行率并没有起到应有的作用。

面对环评乱象，近年来，原环境保护部采取了各种措施，完善政策并加大了对违规行为的查处力度：2012～2013 年，对上百家存在问题的环评机构进行了取消资质、限期整改、缩减评价范围、通报批评、内部整改等处理，被处分的环评机构不乏中国环境科学研究院、北京大学等"大牌"环评单位；[2] 2013 年 11 月，发布《建设项目环境影响评价政府信息公开指南（试行）》，将原来没有明确需要公开的环评报告全本、审批部门受理情况、环评机构及人员信息等都列为信息公开内容；2013 年 11 月，其又发布了《关于推进事业单位环境影响评价体制改革工作的通知》，要求加快环评机构与行政主管部门脱钩，环评机构中的环保行政主管部门以及交通、水利、海洋等部门所属事业单位和大专院校加快推进体制改革，其中环保部门下属事业单位要在 2015 年底前完成体制改革。2015 年底，原环境保护部直属的 8 家环评机构率先完成了脱钩，到 2016 年底，所有地方环保部门 350 家环评机构分两批已经全部完成了脱钩任务。[3] 2014 年 3 月，在《关于进一步加强环境影响评价机构管理的意见》中明确要求，各级环保行政主管部门不得为建设单位指定或向建设单位推荐环评机构；严禁地方各级环境保护行政主管部门以备案等方式设置准入条件，限制外埠环评机构在本地承接环评业务。

---

〔1〕 杜娟："环保部总工程师：全国 1/10 耕地重金属均超标"，载 http://www.china-eia.com/xwzx/2262.htm，访问日期：2014 年 6 月 10 日。

〔2〕 王山山："环评乱象——正常产业链滋生的灰色利益链"，载《中国经济周刊》2014 年第 12 期。

〔3〕 李彤、初梓瑞："环保部：350 家地方环评机构全部完成了脱钩任务 176 家取消或注销资质"，载 http://env.people.com.cn/n1/2017/0309/c1010-29135031.html，访问日期：2017 年 3 月 9 日。

2016 年 7 月，原环境保护部发布了《"十三五"环境影响评价改革实施方案》，以改善环境质量为核心，以全面提高环评有效性为主线，以创新体制机制为动力，最终充分发挥环评从源头预防环境污染和生态破坏的作用，推动实现"十三五"绿色发展和改善生态环境质量总体目标。2016 年 11 月，印发《建设项目环境影响登记表备案管理办法》，为落实新《环境影响评价法》关于对建设项目环境影响登记表实行备案的要求，切实规范备案管理。此外，原环境保护部还修订了后评价管理办法、资助管理办法等一批规章，紧密做好与环评改革的配套衔接。进一步优化分级分类管理，两次调整分级审批权限、两次修订分类管理名录，配套制定了二十个行业的审批原则、准入条件和二十多个行业的重大变动清单。2017 年，重点开展了环评文件技术复核，原环境保护部抽查了 26 个省（区、市）200余家环评机构的 470 多份环评文件，对质量差的进行处罚并公开曝光；各地对存在问题的 143 家环评机构进行了处罚和行政处理。2018 年生态环境部《关于修改〈建设项目环境影响评价分类管理名录〉部分内容的决定》，简化 35 类项目的环评文件类别。密集发布的文件及强化对环评机构的监管行动，表达了生态环境主管部门要把环评这个"阀门"拧紧的决心，也确实取得了一定的成效。[1]如 2017 年，部、省两级共审批项目环评 39 000多个，对 2000 多个不符合环境准入要求的不予审批。

环评制度改革正在大力推进，管理措施改革对于加强环评执法意义不容否认。随着环评机构的脱钩，生态环境主管部门与环评机构之间的利益关系将被切断，生态环境主管部门既是裁判员又是运动员的角色将改变，但这只是制度设计的良好愿景，实践中，一些地方存在弱化环评制度的倾向，将环评简单当作开工前手续；甚至个别地方搞"承诺制"，将环评审批手续推迟到项目运行前；有的地方行政干预环评审批的问题仍时有发生。因为环评审批刚性约束不足导致一些地方未批先建严重，环评违法行为仍未得到有效遏制，有些地方又排查出很多违法违规项目。环评审批能

---

〔1〕 王山山："环评乱象——正常产业链滋生的灰色利益链"，载《中国经济周刊》2014 年第 12 期。

否真正依法公正进行，取决于对环评行政权的有效监管。环评制度改革须抓住"如何防止环评及干预环评的任性权力"这一关键点，即把控环评制度改革的"牛鼻子"应是环评审批这一环保部门最大的权力。[1]

在各种对环境有影响的人类行为中，以政府行为对环境的影响最为明显，因为政府扮演着发起、引导、组织、批准和控制的角色，在某种程度上政府行为决定着其他人类环境行为的产生、发展、规模和作用。[2]可见，环评制度是否被虚置的关键是法律执行者是否能严格执行相关法律。[3]因此，欲发挥环评"防患于未然"的制度价值，必须解决"监管监管者"问题，加强对环评审批行政权的监管。而在诸多的监管途径中，通过司法权制约行政权，即加强环评审批司法审查这一外部监督途径显得尤为重要。而与传统的司法不同，整个环境司法具有自己的特性。环评审批因涉及科学上的不确定性、评价方法与程序的专业性、利益判断标准的复杂性，使得对这一行为进行司法审查具有诸多难题。面对高度专业化的环评审批及公众的异议，司法应如何定位？面对涉及风险不确定性的环境议题，法官如何裁判？总之，法院如何对环评审批进行司法审查就是本书研究的主要问题。

二、研究现状评述

（一）环境法学界关于环评行政权控制的研究

在环境法学界，加强环境行政权的监督（尤其是外部监督）在学者中已形成共识。吕忠梅教授认为，个别"地方各级政府甘当污染企业'保护伞'，《环境保护法》执法力度不强现象背后的深层次根源是《环境保护法》被定位为'监管者监管之法'，内容主要是赋予各级政府及其职能部门监管企业的权力，但对政府自身的行为规范不够。因此，《环境保护法》

---

〔1〕 包存宽："环境影响评价制度改革应着力回归环评本质"，载《中国环境管理》2015 年第 3 期。

〔2〕 蔡守秋："论健全环境影响评价法律制度的几个问题"，载《环境污染与防治》2009 年第 12 期。

〔3〕 晴川："环评报告里到底有啥'商业秘密'？"载 http://news.jxgdw.com/jswp/yczd/2429859.html，访问日期：2014 年 6 月 2 日。

必须将政府行为和企业行为同时纳入调整范围，明确设置监管环境监管者的法律制度"。[1]王曦教授指出，个别"政府环保履职不力的一个重要原因是法律没有对有关环境的政府行为给予足够的规范和制约，仅靠官员自律、行政部门自律难以奏效，因此需完善立法，加强法律问责与监督"。[2]蔡守秋教授提出："在各种对环境有影响的人类行为中，以政府行为对环境的影响最为明显，因为政府对许多人类环境行为扮演着发起、引导、组织、批准和控制的角色，在某种程度上政府行为决定着其他人类环境行为的产生、发展、规模和作用。因此，加强对政府行为的控制与监督是十分重要的。"[3]

　　有关环评的研究主要集中在环评程序，尤其是公众参与等方面。对策也大多从立法角度展开：如一些学者认为立法规定的环评对象过窄，仅包括建设项目和各类发展规划，而将对环境可能造成更大影响的立法和政策环评排除在外；[4]另一些学者认为公众参与制度是环境法治的支撑性制度，是确保环评的民主性和公正性必不可少的重要程序，必须变革公众参与的方式和时机确保参与程序不至于流于形式。[5]关于环评的司法控制问

---

[1]　吕忠梅："监管环境监管者：立法缺失及制度构建"，载《法商研究》2009 年第 5 期。作者的此种观点为修订后的《环境保护法》所吸纳，2014 年修订的《环境保护法》规定了环境保护目标责任制和考核评价制度，完善了信息公开与公众参与制度，加强了对政府履行环保职责的问责制度等，以期提升针对懈怠和乱作为的政府之内、外监督。

[2]　有关环境的政府行为指的是政府做出的可能对环境带来重大影响的规划行为、建设项目环评审批行为和环境保护执法行为。参见王曦："规范和制约有关环境的政府行为——为《环境保护法》修改建言"，载《环境保护》2013 年第 16 期。

[3]　蔡守秋："论健全环境影响评价法律制度的几个问题"，载《环境污染与防治》2009 年第 12 期。

[4]　参见王灿发："'战略环评'法律问题研究"，载《法学论坛》2004 年第 3 期；李爱年、胡春冬："中美战略环境影响评价制度的比较研究"，载《时代法学》2004 年第 1 期；陈勇："完善我国战略环境影响评价制度的立法思考"，载《广西政法管理干部学院学报》2004 年第 3 期。

[5]　汪劲："环境影响评价程序之公众参与问题研究——兼论我国《环境影响评价法》相关规定的施行"，载《法学评论》2004 年第 2 期；周珂、王小龙："环境影响评价制度中的公众参与"，载《甘肃政法学院学报》2004 年第 3 期；李艳芳："环境影响评价制度中的公众参与"，载《中国地质大学学报（社会科学版）》2002 年第 1 期；白平则："环境影响评价中的公众参与——完善环境影响评价制度的根本路径"，载《行政论坛》2006 年第 4 期；廖柏明、彭俊："环境影响评价法律制度中的公众参与问题研究"，载《社会科学家》2005 年第 4 期；顾向一、陶蕾："论我国环境影响评价中的公众参与制度——由厦门海沧 PX 项目迁址建议议案引发的思考"，载《2007 年全国环境资源法学研究会年会会议论文集》（第 2 册）。

题，学者们较为集中的讨论在于法院是否能够对环评审批进行司法控制，以及通过什么方式进行司法控制两个方面。

　　一种观点认为不能对环评审批进行司法审查，因此需要建立公益诉讼程序。蔡守秋教授认为，"由于行政诉讼制度的缺陷，公民、法人或者其他组织对于环境保护行政主管部门违法通过环境影响评价报告审批的行为还不具有诉讼主体资格，对于这样的争端案件还不能在法院得到解决。为了保护环境影响评价实施过程中涉及的环境公共利益，有必要在我国建立环境公益诉讼机制"。[1]学者刘芸、肖涛建议完善环评中的法律责任追究及引入司法救济，需要一个公共利益的代表来维护环境公共利益，强调建立环境公益诉讼制度。[2]杨兴博士认为，环境公共利益具有扩散性，利益主体缺位，应完善环境公益诉讼机制以强化环评制度的执行。[3]唐瑭硕士认为，不仅应当完善未进行有效法律监督的环评环节的监督，而且还应当完善对环评监督者的监督，关于后者，其强调通过公众监督和司法救济路径予以实现，而公益诉讼则是公民对环评进行有效社会监督和司法监督的必经之路。[4]另一种观点认为可以对环评审批进行司法审查，但需要完善行政诉讼制度。汪劲教授呼吁通过程序实现环评决策的正当化，遏制违法审批，提出将环评审批纳入司法审查范畴。[5]王曦教授提出了政府环保履职督促制度的必要性。[6]孙新见硕士认为，我国目前的"环评制度还处于行政系统内部的自我约束状况，缺少外在的有效监督，尤其是缺乏社会公众的广泛参与和司法审查这一道防线。为了保护环境，实现对环境行政权

　　〔1〕　蔡守秋："论健全环境影响评价法律制度的几个问题"，载《环境污染与防治》2009年第12期。

　　〔2〕　刘芸："我国环境影响评价制度的不足与完善——以司法介入为救济途径的考察"，载《当代法学》2007年第2期；肖涛："论我国环境影响评价制度的司法完善"，武汉大学2004年硕士学位论文。

　　〔3〕　杨兴："提高环境影响评价制度法律实效的构想——基于长江三峡工程环评等典型案例的分析"，载《中南大学学报（社会科学版）》2013年第5期。

　　〔4〕　唐瑭："我国环境影响评价的法律监督研究"，昆明理工大学2009年硕士学位论文。

　　〔5〕　汪劲："通过程序实现环评审批决策的正当化"，载《华东政法学院学报》2005年第4期。

　　〔6〕　王曦："规范和制约有关环境的政府行为——为《环境保护法》修改建言"，载《环境保护》2013年第16期。

进行有效的规制，必须把司法审查机制引入我国的环评程序中来，从而在客观上大大拓展公众的参与权"。[1]周杰博士提出，鉴于司法功能在环评制度实施中的巨大作用和我国环评制度中司法介入的缺失，我国环评引入司法功能非常必要。而且，因法院对环评实体审查存有难度和权力制衡的需要，与实体审查相比，司法审查应更关注程序审查。[2]谢伟博士认为，在三大国家权力中，除了立法权、行政权之外，就只剩下司法权还没有参与到环评之中。我国目前应该在《环境影响评价法》中规定较为详细的、具有可操作性的司法审查的法律规范。[3]

在美国，考德威尔（Caldwell）认为环评不应具有直接否决建设项目开发的效力，而仅是对行政机关纯程序的要求。[4]这一观点亦为 NEPA 及多数判例所确认。但近年学者对于此问题开始反思，比如史蒂文森（Stevenson）认为美国式的纯程序环评是一只纸老虎，其仅仅充当了对将来的环境损害进行宣告的工具，因此呼吁应赋予环评审查机构以实质性权力。[5]学者费雷斯特（Ferester）和艾伦（Allen）对美国 20 世纪 70 至 90 年代的环评诉讼案件数量的研究发现，美国环评诉讼案件出现了大幅锐减，上诉到最高法院的案件数量也呈下降趋势。[6]关于环评司法审查的标准，有以靳旺塔尔（Leventhal）为代表的实质审查论和以贝泽伦（Bazelon）为代表的程序审查论，前者认为对于行政机关的专业论理进行审查，是法院基于其在三权分立中角色功能的要求，不得因能力不足而怠惰，后者则认为法官欠缺相关专业知识，不宜介入实质论理，但仍可以通

---

〔1〕 孙新见："我国环境影响评价的司法审查研究"，华东政法大学 2012 年硕士学位论文。

〔2〕 周杰："环境影响评价制度中的利益衡量研究"，武汉大学 2012 年博士学位论文。

〔3〕 谢伟："环境影响评价的法律保障初探"，载《2005 年全国环境资源法学研讨会论文集》。

〔4〕 Lynton K. Caldwell, "Environmental Policy as A Political Problem", *Policy Studies Review*, 12 (3) (1993).

〔5〕 Heather N. Stevenson, *Environmental Impact Assessment Laws in the Ninities: Can the United States and Mexico Learn from Each Other?* 32 U. Rich. L. Rev., (1999).

〔6〕 Philip Michael Ferester, "Revitalizing the national environmental policy act: substantive law adaptations from nepa'sprogeny", *Harvard Environmental Law Review*, (1992).

过程序审查，使行政决策的过程获得更完整的信息。[1]日本学界总体上肯定了环评程序的实质效力，但主张慎用环评的"横断条款"即否决权装置，黑川哲志教授认为某个特定行为的是非，不能只由环境因素来决定，而应是综合考量该行为的经济社会后果，环评程序不是"担保整体合理性的装置"。[2]关于环评审批司法审查的要点，日本的原田尚彦教授认为，法院在这个过程中主要审查环评审议会委员的构成是否违法、是否向审议会提出了公正的资料、有无应加考虑而未加考虑的情况、有无将不该予以考虑的要素扩大评价的情况，是否对反对派意见和替代方案进行了研讨等。[3]

以上学者的研究具有重要借鉴价值。我国学者的研究尚有需改进之处：一是有关环评审批司法审查的现有研究并未客观描绘现实图景，在司法实践中，自2001年起我国各级法院便开始陆续受理环评审批案件，并未如学者所言，司法在环评中缺位或者司法不能对环评审批进行审查；二是现有研究更多地停留在对环评审批司法审查的呼吁上，至于如何审查未见详细论证。而面对环评以程序设计为主且具有科技专业性、利益多元性等特征，司法如何审查环评审批才是问题的关键。

（二）行政法学界有关行政权司法控制的研究

在我国行政法学界，学者主要是从传统行政法角度展开研究，强调重视行政权的司法控制，加强行政行为的司法审查。主要表现：一是探寻司法审查的理论依据。傅思明认为："司法审查的正当性在于将一向桀骜不驯的行政权力收服、皈依在白纸黑字的宪法和法律之中。"[4]雷安军认为，"美国司法审查制度的两大理论基础是自然法和分权制衡理论"。[5]二是呼吁扩展行政诉讼原告资格，以应对不断出现的新型案件，在保护行政相对

〔1〕　Matthew Warren, *Active Judging*: *Judicial Philosophy and the Development of the Hard Look Doctrine in the D. C. Circuit*, Geor. L. J., pp. 2559~2633, （2002）.

〔2〕　[日] 黑川哲志：《环境行政的法理与方法》，肖军译，中国法制出版社2008年版。

〔3〕　[日] 原田尚彦：《环境法》，于敏译，法律出版社1999年版。

〔4〕　傅思明：《中国司法审查制度》，中国民主法制出版社2002年版，第23页。

〔5〕　雷安军：《美国司法审查制度及其理论基础研究——以美国最高法院司法审查的正当性为中心》，中国政法大学出版社2011年版，第239页。

人权益的同时亦应加强对利害关系人权益的保护。[1]同时，章志远教授等认为："行政诉讼原告资格认定标准不仅涉及行政权与司法权之间的制约与平衡，而且是民众权利无漏洞司法救济的'入场券'。行政诉讼原告资格认定标准的阐述不仅仅是立法机关的'专利'，司法机关亦负有不可推卸的责任。"[2]三是关注行政程序及其司法审查，以控制广泛存在的自由裁量权。江必新教授认为司法审查无疑是防止自由裁量权滥用的重要控制手段之一[3]，应强调运用合法性和正当性标准加强行政程序的司法审查；[4]王锡锌教授认为西方国家对自由裁量权的控制经历了从重实体到实体与程序并重的逐步强化过程。[5]于立深博士对348个行政程序"典型案例"进行实证分析，探讨违反行政程序司法审查中的争点问题；[6]何海波教授通过统计分析《人民法院案例选》有关行政程序的代表性案例，发现法院已悄然运用正当程序原则去审查行政行为的合法性。[7]四是司法正义如何与科学事实交会这一问题已引起少数学者的关注。黄锦堂教授认为针对高科技专业性领域行政处分（具体行政行为）的司法审查，应继受判断余地理论，以功能法的观点出发，建立法院有限度的审查。

　　以上研究为本书写作提供了参照，但不足之处在于其主要是从传统行

---

〔1〕 周汉华："论行政诉讼原告资格审查"，载《中国法学》1991年第6期；高家伟："论行政诉讼原告资格"，载《法商研究（中南政法学院学报）》1997年第1期；沈福俊："论对我国行政诉讼原告资格制度的认识及其发展"，载《华东政法学院学报》2000年第5期；杨寅："行政诉讼原告资格新说"，载《法学》2002年第5期；喜子："反思与重构：完善行政诉讼受案范围的诉权视角"，载《中国法学》2004年第1期；沈岿："行政诉讼原告资格：司法裁量的空间与限度"，载《中外法学》2004年第2期；杨小军："行政诉讼原告与被告资格制度的完善"，载《行政法学研究》2012年第2期；王克稳："论行政诉讼中利害关系人的原告资格——以两案为例"，载《行政法学研究》2013年第1期。

〔2〕 章志远、李玉强："行政诉讼原告资格认定标准的新阐释"，载《苏州大学学报（哲学社会科学版）》2009年第6期。

〔3〕 江必新："行政程序正当性的司法审查"，载《中国社会科学》2012年第7期；江必新："司法审查强度问题研究"，载《法治研究》2012年第10期。

〔4〕 江必新："行政程序正当性的司法审查"，载《中国社会科学》2012年第7期。

〔5〕 王锡锌："行政自由裁量权控制的四个模型——兼论中国行政自由裁量权控制模式的选择"，载《北大法律评论》2009年第2期。

〔6〕 于立深："违反行政程序司法审查中的争点问题"，载《中国法学》2010年第5期。

〔7〕 何海波："司法判决中的正当程序原则"，载《法学研究》2009年第1期。

政法角度展开，而少有从在环境法规范领域所占比例最高以及对环境保护最具重要性的环境行政法角度进行研究。在行政法学界，学者并未注意到集专业技术性和程序性于一体的环评对司法审查带来何种冲击以及如何回应该挑战。

三、研究方法及主要内容

（一）研究方法

一是文献分析方法。文献回顾与分析，既能展现研究者对于该领域知识的熟悉程度，也能显现在此之前研究的发展路径。本书将使用此一研究方法，针对国内外环评审批司法审查的发展及现状相关文献进行搜寻、阅读与分析，包括专著、期刊论文、硕博士学位论文、研究报告、裁判文书等，以为本书的展开作出铺垫或提供借鉴。

二是规范分析方法。在法学领域，规范分析是较为典型的分析方法。本书主要利用规范分析方法对环评的法规范进行解读和内涵挖掘。特别是对于环评审批司法审查的依据、环评审批司法审查的原告资格、环评审批司法审查的标准等的研究，将深入探寻法条本身所揭示的内涵及其规范缺陷，并提出应对之策。

三是比较研究方法。我国环境影响评价制度主要参考了美国 NEPA 的环评制度，[1]而行政法及行政程序的相关立法则主要参考了德国的有关法制。因此，有必要观察比较两国有关环评的立法及司法审查。法规范所解决的问题，往往并非局限在特定社会中发生，在其他社会中亦有类似的问题，因此比较研究的意义就不仅是介绍其他法秩序的知识，同时也有助于该社会解决类似问题或者选择解决方案的价值。[2]在我国法律解决环评审批司法审查特定问题的制度规范尚未完善，或者对规范内涵缺乏正确的认识时，通过引介域外法的规定或者参酌域外法院对类似案件的见解，将提供创设新规范的思路或使法院判决更有说服力。有关环评审批司法审查的

---

〔1〕　环评法起草期间，环资委组织代表团，赴美国对环境影响评价立法及实施情况进行了考察即是明证。

〔2〕　［德］卡尔·拉伦茨：《法学方法论》，陈爱娥译，商务印书馆 2003 年版，第 131 页。

讨论在我国还相当缺乏。因此，本书通过比较研究的方法参考域外相关经验。

（二）主要研究内容

我国已进入环境群体性事件的高发期，而其中有许多都涉及环评审批。建立完善的环评审批司法审查机制，不仅对于项目开发地附近居民的权益保障具有直接意义，对于环境保护、经济发展和社会稳定也具有重要的战略意义。本书将基于"现状与问题——根源与症结——假设与猜想——论证与结论"的基本思路，按照"资料收集与分析→理论归纳→比较借鉴→体系构建"的基本路径，以行政权正当性理论变迁为指导，参照域外环评审批司法审查的经验教训，结合国内有关探索，全面考察我国环评审批司法审查现状，多角度探究其问题与根源，以期重构我国环评审批司法审查制度。

如今环评已受到了极大关注。理论界关于环评的探讨，集中于立法层次上的制度设计与制度改革，而另一重要问题——法院如何审查环评审批，如何监督行政权在环评中的行使则鲜见讨论。关注法律的实践和适用，在既定环评法律制度下，从应然层面探讨法院如何担任司法控制的角色问题则是本书关注的重点。

第一，对作为司法审查对象的环评审批进行描绘。我国环评制度的运行包含环评文件的编制、环评审批以及环评后续监管三个阶段，其中，环评审批阶段对于保障环评制度的有效性发挥极为重要的作用，生态环境主管部门通过对环评文件的编制过程及内容进行审查并决定是否赋予其法定效力。同时，环评批复与审批通过的环评文件又是环评后续监管及排污许可的重要依据。如果环评审批部门依法履行审批职责，环评自然能发挥《环境影响评价法》所确立的预防环境污染的功能。

第二，对环评审批司法审查的可行性进行了分析，并剖析了法院在裁判环评审批案件中存在的问题。环评审批符合行政行为的特征，属于司法审查对象不仅具有法理基础，而且已获得实务界的认可。作为行政行为相对人的建设单位具有原告资格已无疑义，但作为建设项目附近居民能否起诉则取决于对"法律上的利害关系人"的解释，而这常常被法院利用以限缩适格原告的范围。由于环境影响的判断、环境问题的形成涉及经验性、科学技术性，在环评审批司法审查案件中，面对环评的科技专业性及关涉多元利益，法官往往以欠缺相关的知识与技术，难以进行有效的调查取证以及实体审查的技术标准不明确等为由，采取尊重环境行政机关专业性判断的态度，不进行有效的实体审查。在程序审查方面，关于程序是否合法，法院仅审查程序是否形式合法，至于程序是否实质合法或是否正当并不过问。而且对于程序瑕疵，不论大小，皆以不影响实体决定为由判决维持原行政行为。法院对环评案件采取以上审查标准，使得作为被告的环境行政机关在几乎所有的案件中都能胜诉。

第三，阐述行政权正当性理论不断变迁发展及法院角色扮演的调整。在环评审批司法审查中认为行政权正当性来源于：一是立法明确授权，而且主要是实体法；二是行政机关本身拥有的人才与专业资源使其成为处理此类事务的最佳机关。关于行政权正当性的两种来源，使得法院主要审查行政权的行使是否符合实体法的规定，且在赋予行政自由裁量权的高度专业性事务上采取克制的态度而尊重行政机关的决定，但行政权的正当性来源如果仅仅局限于此两种，已经跟不上时代的步伐和现实的需求，在所涉议题专业性和技术性很强的背景下，立法模糊使得行政裁量权大量产生，行政权的专业或科学背后代表的未必是真的中立或客观，科技理性已遭受社会理性的质疑。因此，立法授权、专家知识无法为行政权的存在提供充分理由。行政权的正当性基础出现了变迁，参与模式所追求的公民参与、风险沟通以及程序理性成为行政权获得民主正当性的必要途径，而这也是拥有公众参与机制的环评法律重要的制度功能承载方式。针对行政权正当性理论的变迁，法院应及时予以回应，即司法应扮演好调整环评审批决策过程中的权力互动及强化公众参与的角色，同时应放宽诉讼资格、重构以程序审查为主的审查标准以及正确解释环评审批程序违法的法律后果。而且这种回应是可以通过法院发展行政法及引入专家证人等补强司法机关环评专业知识予以实现的。

第四，在行政权正当性理论的指导下，比较研究各国（地区）环评审批司法审查诉讼资格和审查标准，进而对我国环评审批司法审查的诉讼资格和审查标准进行完善。

确立诉讼资格的直接目的是抑制滥诉，其理念是分权制衡。传统理论认为应采取严格的诉讼资格，如果降低诉讼资格门槛则会对分权制衡原则造成严重的威胁，无法确保法院有足够的精力履行其在分权制衡结构中的职能。但是，司法是防止行政权超越法定权力界限的最后一道防线。司法审查除了具有保护公民权益、救济受害人外，另有一个重要目的——确保行政机关依法行政。如果行政机关可以随意超越宪法或法律确定的权限范围采取行动，其结果自然是分权制衡原则的彻底粉碎。因此，从此角度观察，降低诉讼资格的门槛，分权制衡原则能得到更好地维护。各国诉讼资格的门槛正在不同程度的降低已是不争的事实。其中，环境法领域诉讼资格的扩展表现得较为明显：适格原告的损害已从人身损害、财产损害扩展至环境损害；适格原告的权益从个人权益扩展到公共利益。美国宽松的当事人适格门槛以及重视程序理性的法律结构，使得美国公民、环保组织可以通过司法手段实现环境理性、多元理性竞争的效果。德国的《环境救济法》在环评领域发展出了绝对程序权，对应实施而未实施环评或是个案预审的程序瑕疵，无须证明环评程序瑕疵对于实体结果的正确性有影响，亦拥有诉讼资格。我国法律规定"与行政行为有法律上利害关系的公民、法人或者其他组织"具有起诉资格，而且在重实体、轻程序的法律传统之下，法律上利害关系中的"法律"仅限于实体法。而在环评领域，强调通过程序规范的遵守来提升行政决策的正确性，如果仍然千篇一律地适用以实体权益的侵害作为诉讼资格界定标准是否合适则不无疑义。我国应以《环境影响评价法》的修改为契机，从三个方面完善我国环评审批司法审查的原告资格：一是为了避免环评法律赋予公众程序参与权成为"一纸空文"，应承认及赋予公众参与独立程序权能的必要，即只要在环评中拥有参与权利的公民、法人或其他组织，当其程序权遭受来自行政机关的侵害时，即得单独据以提起诉讼以寻求救济，而不需证明因为程序权的侵害而导致实体权益的损害；二是尽管建设项目当地的公民、法人和其他组织需要在个案中确定，但应明确在个案中予以确定的标准，可依据环评的评价范围，法定的"公众参与"的主体范围及与建设项目的时空关联性三个维度在个案中明确"当地居民"的范围，从而明确谁是适格原告；三是基于私益诉讼在实现环境公益上的局限性，应将公益诉讼条款引进我国环境影响评价法，并赋予符合法定条件的环保组织提起督促行政机关履行职责的环评公益诉讼。

各国（地区）的行政程序法所规范的行政行为样态不一，行政程序的要求繁简有别，给予人民表达意见的机会以及参与行政决定的程度更是不同，但其规范宗旨倒是一致：希望通过程序规范来发挥对实体行政决定的监督效果。行政行为司法审查应该将重点放在程序，亦即法院对行政行为的审查，对程序行为的审查强度应该高于实体决定。德、美等国均认识到，环评法律中存在许多不确定概念，环境行政机关享有大量自由裁量权，因此程序保障规定的遵守显得更为重要，也即法院没有放弃实体审查的同时应该提高对于程序规定是否被完整贯彻的控制。环评是"程序型管制措施"，环评审批是否正确取决于正当程序中多元价值的沟通与互动，正确的决定基本上取决于只有正确的程序才能产生正确的决定这一前提性判断。因此，我国法院对于环评审批不能完全尊重环境行政机关的决定，而是应将审查的重点放在程序上，即法院对于环评审批的控制，对行政行为的程序审查强度应该高于实体审查。其中，实体审查包含符合实体法标准及可为科学同行接受标准；程序审查主要依据正当行政程序审查环评信息是否充分公开、公众是否有效参与、审批机关的组织是否正当。法院应在恪守权力分立界限的基础上，在不介入行政机关决策裁量的固有权限下，主要通过程序控制，确保权力部门间应有的平衡，同时，使行政机关的决策更具正当性、专业合理性以及为公众所信赖。

最后，探讨了环评审批司法审查的法律后果。环评审批案件经法院审理，可能产生三种结果：一是若环评审批证据确凿，适用法律、法规正确，符合法定程序的，人民法院判决驳回原告的诉讼请求，即确认环评审批合法有效；二是若环评审批存在主要证据不足、适用法律法规错误、违反法定程序、超越职权或滥用职权、明显不当中一种或多种情形的，将被判决撤销或部分撤销；三是环评审批因存在违法情形可能会被撤销或部分撤销，但若仅仅是程序轻微违法或者依法应撤销但撤销会给国家利益、社会公共利益造成重大损害时，该环评审批只会被确认违法而不会被撤销。法院对于环评审批程序违法基本上都确认为程序轻微违法而判决驳回原告的诉讼请求。而这与我国《环境影响评价法》主要是通过为建设单位及行政机关设置遵循环评程序的义务以实现环评制度价值的目的相背离。因此，对于环评审批程序违反的法律后果，法院应以程序的违反是否会导致环评法目的的无法实现以及原告程序性权利的侵害为依据，对程序违法是严重还是轻微进行判断，以决定环评审批是应当撤销还是被确认无效；同时，对于环评审批程序严重违法，依法应当撤销，但撤销会给国家利益、社会公共利益造成重大损害的，法院不能将公共利益和建设单位利益混同，不宜因为建设单位的信赖利益而不予撤销环评审批。对于程序轻微违法，法院不宜对其违法性轻描淡写，直接判决驳回原告的诉讼请求，而应确认该行政行为违法，而且判决由被告承担或与原告分担诉讼费用。

第一章

作为司法审查对象的环评审批

当前，我国环评制度的运行包含环评文件的编制、环评审批以及环评后续监管三个阶段，其中，环评审批阶段对于保障环评制度的有效性发挥具有极为重要的作用，生态环境主管部门对环评文件的编制过程及内容进行审查并决定是否赋予其法定效力，同时，环评批复与审批通过的环评文件又是环评后续监管及排污许可的重要依据。通过界定环评审批的内涵与外延、厘清环评审批的程序、明确环评审批的效力来呈现我国环评审批现状，且描绘环评审批实践中存在的问题，并剖析问题产生的根源。

第一节　环评审批的法律界定

根据我国《环境影响评价法》第 2 条的规定，所称环评是指对规划和建设项目实施后可能造成的环境影响进行分析、预测和评估，提出预防或者减轻不良环境影响的对策和措施，进行跟踪监测的方法与制度。即环评对象决定了环评审批的范围，因此，厘清环评对象为研究环评审批的起点。

一、环评的对象

环评的对象，是指可能对环境造成不良影响的拟议行为或活动，主要包含两大类：一是政府宏观决策活动，主要是法规、开发政策、规划等；二是开发建设者的具体建设项目。[1]世界各国（地区）关于环评对象的规

---

〔1〕　汪劲：《中外环境影响评价制度比较研究——环境与开发决策的正当法律程序》，北京大学出版社 2006 年版，第 112 页。

定宽窄不一。根据美国《国家环境政策法》的规定，所有联邦机构作出"会显著影响环境的立法草案或其他重大联邦行为的建议和报告"时，都需要出具环境影响报告。即在美国，环评的对象既涉及政策、法律草案、规划、计划等宏观决策活动，也包含具体的建设项目。

我国环评对象包含建设项目和规划，其中规划包括十类专项规划和四项综合性规划。我国 2002 年《环境影响评价法》扩大了环评制度的适用范围，从过去 1979 年、1989 年《环境保护法》只要求建设项目进行环评，扩大到要求国务院有关部门、设区的市级以上地方人民政府及其有关部门，对其组织编制的土地利用的有关规划，区域、流域、海域的建设、开发利用规划，以及对其组织编制的工业、农业、畜牧业、林业、能源、水利、交通、城市建设、旅游、自然资源开发的有关专项规划也要进行环评。[1]虽然在全国人大常委会的三次审议过程中，逐步将立法草案中的政策、计划的环评规定删除，但是环评制度在政府宏观经济决策中的地位还是得以最终的确立。[2]尽管我国环评对象为建设项目和规划，但对两者采取不同的行政监督方式。根据我国《环境影响评价法》《建设项目环境保护管理条例》及《规划环境影响评价条例》的规定，建设项目的环评文件由开发单位自行或委托环评机构编制，最终需生态环境主管部门审查通过后方能开工建设；而规划的环评文件由规划编制机关（国务院有关部门、设区的市级以上地方人民政府及其有关部门）组织完成，或者编写环境影响篇章或说明（综合性规划），或者应当在规划草案报送审批前编制环境影响报告书（专项规划），由规划审批机关在审批规划时一并审查其环境影响，而不需生态环境主管部门审查批准。同时，由于规划环评属于抽象行政行为，而一直以来针对抽象行政行为并不能提起行政诉讼。尽管《行政诉讼法》于 2014 年修订时，将可诉范围从具体行政行为扩展至行政行为，但其又在受案范围一章中通过正面列举和负面排除的方式，将规划环评这一抽象行政行为从可诉范围中予以排除。因此，本书所指的环评审

---

[1] 参见《环境影响评价法》第 2、7、8 条。

[2] 汪劲：《中外环境影响评价制度比较研究——环境与开发决策的正当法律程序》，北京大学出版社 2006 年版，第 238 页。

批，特指生态环境主管部门对建设项目环评的审查与批准。

二、环评审批的内涵

我国《环境影响评价法》第 25 条规定，建设项目的环境影响评价文件未依法经审批部门审查或者审查后未予批准的，建设单位不得开工建设[1]。此处的建设项目既包含新建项目，也包含性质、规模、地点、采用的生产工艺或者防治污染、防止生态破坏的措施发生重大变动的建设项目，及环境影响评价文件自批准之日起超过 5 年，方决定开工建设的建设项目。

在我国，环评审批是生态环境主管部门根据有关环境保护法律、行政法规的规定，对环评文件的编制、内容、结论，可否作为该项目建设和营运期间环境管理依据，是否符合环境要求，以及在项目建设和营运期间应当注意的问题等方面进行审查而作出的审批意见。由于环境影响评价文件是由建设单位编制，为防止建设单位一味追逐经济利益而忽略环境价值，势必需要一道对环评进行行政审批的控制程序。环评审批是各级生态环境主管部门依法审查批准建设项目环境影响评价文件的行为，包含建设项目环境影响评价文件在批准后 5 年才动工，对其环境影响评价文件重新审查的行为。环评审批属于行政许可，是行政机关对公民、法人或者其他组织提出的开发建设活动申请，从环境影响角度依法审查，准予其实施所申请活动的行为。[2]审批机关进行环评审批时主要依据《环境影响评价法》《行政许可法》等相关法律法规及其配套规定，同时，亦可依据环评的各类技术规范来判断建设项目是否在环境上可行，最终单纯从环境保护角度决定是否允许开发。有学者认为，《环境影响评价法》是目前唯一专门为环境行政量身定做的程序规范。[3]全国人大环资委原副主任委员王涛曾指

---

[1] 参见《环境影响评价法》第 25 条。

[2] 张国祥等：“初析《行政许可法》在环境影响评价审批领域中的施行”，载《环境保护》2004 年第 9 期。

[3] 林顿·考德威尔（Lynton K. Caldwell）认为环评改变了传统行政决策程序的不科学性，因而有益于改善和提升行政决策的质量。See Lynton K. Caldwell, "Environmental Policy as A Political Problem", *Policy Studies Review*（1993）. 我国学者李建良认为，环评乃是目前唯一专门为环境行政

出，"环境影响评价在性质上主要具有行政程序法的特征，是环境保护法和各单项环境保护法所容纳不了的"。[1]

美国、德国等国家没有专门审批环评的机关，而是由行业主管部门在综合考量环境、经济、社会因素后作出是否批准建设项目的决定。当然，没有环评审批并不代表环评没有行政监督。美国环评行政监督在1970年美国国会修正《清洁空气法》时予以最初确立，后得以逐步扩展至其他环境要素。依据《清洁空气法》的规定，联邦环保署应对各联邦机关提出的立法草案、行政规则，以及依据NEPA需要准备环评文件的开发行为与重要拟议行动等所造成的环境影响，提出书面审查与评论意见，并向大众公开该意见。[2]若联邦环保署认为从公共健康、社会福祉或环境品质判断，联邦机关的行动属于不可接受的，除了公告其决定外，应向环境质量委员会提出异议。[3]《清洁空气法》授权联邦环保署进行环评行政监督的目的，在于要求生态环境主管部门担任环评忠实的看守人，适时为环境保护而向

（接上页）量身定做的程序规范。学者陈慈阳认为，由于执照之发给及许可须以环境影响评估作为其前提要件，因而环境影响评估亦可称为特殊的行政程序。原则上，所有的开发行为皆须依据"环境影响评估法"的规范以进行环评，若"环境影响评估法"没有规定时，就依一般行政程序来为之。参见陈慈阳：《环境法总论》，中国政法大学出版社2003年版，第220页。学者汪劲认为，环评是一种整合性许可审查制度，与作为一般法的行政许可法相比，环评当属于行政许可制度在环境决策领域中实施的特别法。德国学者西彻·彼得斯（Siehe Peters）等提出，环境影响评估的标准应是在于相关环境法规并作整体环境的考量评估，换言之，环境影响评估具有融合性，亦即在整个过程中融合了各个领域之专家来进行评估，因此亦被视为整合性的许可审查制度。Vog. Siehe Peters/Schenk/Schlabach, Umweltverwalt ungsrecht, 1990, Rdnr. 10, 转引自陈慈阳：《环境法总论》，中国政法大学出版社2003年版，第221页。

〔1〕 王涛："关于《中华人民共和国环境影响评价法（草案）》的说明"，http://www.law-lib.com/fzdt/newshtml/20/20050822192411.htm，访问日期：2014年5月14日。

〔2〕 42U. S. C. §7609（a）（2006）.

〔3〕 根据环境质量委员会规则，环境质量委员会在收到联邦环保署异议理由与联邦机关就异议的答辩声明后，应当采取如下一项或多项行动：①作出异议与答辩程序已成功消除彼此歧见的结论；②以调解为目的，促使各机关重新讨论；③举行公开的会议或听证，以获取更多意见和信息；④认定联邦机关之间的争执问题不具有国家重要性，请异议机关与拟议行动联邦机关各自执行自己的决策程序；⑤认定争议问题应由异议机关与拟议行动联邦机关再行协商，除非问题无法解决，否则不应提交环境质量委员会裁决；⑥公布环境质量委员会的裁决与建议；⑦必要时，将异议理由、答辩声明连同环境质量委员会建议，一并送交总统裁决。See 40C. F. R. §1504.3（f）. 42U. S. C. §7609（b）（2006）.

拟议行动联邦机关举起红旗，以发挥平衡环评权限作用。而由我国《环境影响评价法》第 22 条的规定可知，对于建设项目，除由行业主管部门就其权限掌管事项审查是否核发建设许可外，另有生态环境主管部门对建设项目进行环评审批，即在原许可程序之外另设有一套专门的生态环境主管部门分级审查环评文件的体系，采取的是双主管机关模式。[1]环境影响评价文件属于专业人士针对某一行为可能的环境影响所撰写的预测性评价报告，其内容属于科学判断的结果而非政府行政主管部门的意思表示。在我国，非经审批机关的批准或备案，不具有任何执行效力。[2]但为转变政府职能，协调推进"放管服"，《"十三五"环境影响评价改革实施方案》及2016 年修订的《环境影响评价法》取消了水土保持、行业预审等环评审批中的各种前置程序，将环评审批与项目核准实施并联审批。

第二节　我国环评审批的程序

为规范建设项目环评审批，提高审批行为的科学性和民主性，保护公民、法人和其他组织的合法权益，原国家环保总局于 2005 年制定了《建设项目环境影响评价文件审批程序规定》。地方各省级生态环境主管部门，如广东省、河北省、浙江省、河南省等均制定了规范环境影响评价文件审批的程序规定。有关环评影响评价文件审批的程序主要包含申请与受理、审查、批准。

一、申请与受理

建设单位应依据法律法规规章的规定，组织编制环境影响评价文件，

---

〔1〕《环境影响评价法》第 22 条规定："建设项目的环境影响报告书、报告表，由建设单位按照国务院的规定报有审批权的生态环境主管部门审批。海洋工程建设项目的海洋环境影响报告书的审批，依照《中华人民共和国海洋环境保护法》的规定办理。审批部门应当自收到环境影响报告书之日起六十日内，收到环境影响报告表之日起三十日内，分别作出审批决定并书面通知建设单位。国家对环境影响登记表实行备案管理。审核、审批建设项目环境影响报告书、报告表以及备案环境影响登记表，不得收取任何费用。"

〔2〕　汪劲：《中外环境影响评价制度比较研究——环境与开发决策的正当法律程序》，北京大学出版社 2006 年版，第 254 页。

并向有审批权限的生态环境主管部门提出申请，提交建设项目环境影响评价文件报批申请书、建设项目环评文件、环境影响评价文件公示主要内容或依据有关法律法规规章应提交的其他文件，并对所有申报材料内容的真实性和准确性负责。生态环境主管部门对建设单位提出的申请和提交的材料，根据情况分别作出如下三种处理：

1. 申请材料齐全、符合法定形式的，予以受理，并出具受理回执；需要技术评估的，应当在受理时将技术评估所需时间以书面形式告知建设单位。

2. 申请材料不齐全或不符合法定形式的，当场或在五个工作日内一次性书面告知建设单位需要补正的全部内容。

3. 按照审批权限规定不属于本生态环境主管部门审批的申请事项，不予受理，并告知建设单位向有关机关申请。同时，除国家规定需要保密的外，生态环境主管部门应在其网站公布受理的建设项目信息。

二、审查

生态环境主管部门除了依据《环境影响评价法》及《建设项目环境保护管理条例》的规定判断环境影响报告书是否合法外，还可以依据环评技术规范判断环境影响报告书在内容、程序和方法上是否合理。生态环境主管部门受理建设项目环境影响评价文件后，可委托环境影响评估机构进行技术评估，组织专家评审。评估机构一般应在 30 日内提交评估报告，并对评估结论负责。根据 2017 年修订的《建设项目环境保护管理条例》第 9 条第 2 款的规定，环境保护行政主管部门审批环境影响报告书、环境影响报告表，应当重点审查建设项目的环境可行性、环境影响分析预测评估的可靠性、环境保护措施的有效性、环境影响评价结论的科学性等，而这些主要通过审查环境影响评价文件得以实现。生态环境主管部门对于环境影响评价文件的审查，往往将环境影响评价文件的类型、内容及环评结论视为主要审查对象。

（一）环境影响评价文件的类型

根据《建设项目环境影响评价文件审批程序规定》第 2 条的规定，环境影响评价文件是指建设项目环境影响报告书、环境影响报告表和环境影响登记表的统称。为节约社会资源，集中全力应对需要进行环评的项目，往往有一个过滤程序以确定建设项目是否需要环评或者编制何种类型的环境影响评价文件。世界各国（地区）一般通过正面列举需要环评的项目或负面表例不需要环评的事项进行过滤。比如美国采用"负面表例"的方式，由联邦机关自行例举无须进行环评的开发活动种类，但限于"不至于个别性地或累计性地对人类环境产生重大影响"的建设项目。为弥补法律法规抽象规范层面过滤机制的不足，许多国家和地区还有具体的、个案的过滤程序。最典型的设计形态是将整个环评切割为两个阶段：第一个阶段初步判断开发活动对环境的影响程度，并以第一阶段的认定结果作为是否启动第二阶段的判断基准。[1]如此，第一阶段环评程序实际上仍是一种过滤程序。从比较法上来看，美国是采取此种双阶程序构造的代表性法域，而日本的"判定程序"、德国的先行审查程序等也与双阶构造的内涵具有同质意义。[2]

在美国，环境影响报告由联邦机构准备并出具。一个机构是否必须提供环境影响报告的前提条件：一是是否涉及立法建议或重大联邦行为，二是是否对环境有显著影响。当然，并非所有的联邦行为都受《国家环境政策法》的规制，需要提供环境影响报告，一些法律可以豁免准备环境影响报告的要求：一是联邦环保署如果决策过程在功能上与《国家环境政策法》的要求相同，可被豁免准备环境影响报告；二是决定不采取行动不会引发《国家环境政策法》的规制，比如内政部决定对阿拉斯加州有计划的捕狼行动不加制止；三是机构可以通过提供间接支持来避开《国家环境政策法》的规制。在确定间接行为是否属于《国家环境政策法》规制的联邦行为时，法院会考量这一项目在缺少联邦政府资金支持的情况下是否能继

---

〔1〕 唐明良：《环评行政程序的法理与技术——风险社会中决策理性的形成过程》，社会科学文献出版社 2012 年版，第 91 页。

〔2〕 唐明良：《环评行政程序的法理与技术——风险社会中决策理性的形成过程》，社会科学文献出版社 2012 年版，第 92 页。

续进行。[1]在确定联邦行为是否显著影响人类生存环境时，环境质量委员会要求机构同时考虑此行为的"背景"和行为的"强度"，换句话说，影响的显著性取决于发生的背景，尤其是此行为发生在环境敏感或重要区域（例如美国国家公园）时。在考虑强度时，该行为是否会引起争议或带来不确定的风险？影响是长期的还是临时的？是否涉及濒危物种或关键性栖息地？[2]如果不确定一个项目是否需要准备环境影响报告，机构往往会先制定一个更短的环境评估，环境评估对机构发起的项目进行一个粗略快速的审查，如果它表明环境影响报告不是必要的，该机构将出具一份"查无显著影响报告"的同时附加环境影响的措施。如果该机构决定准备环境影响报告，需要公开发布报告的草案，并给公众45天的时间提出意见，该机构之后会准备一个最终版的环境影响报告并回应公众意见。[3]

我国《环境影响评价法》通过分类管理的方式确定了建设项目应编制何种类型的环境影响评价文件。其第16条规定，根据建设项目对环境的影响程度，对建设项目的环境影响评价实行分类管理：可能造成重大环境影响的，应当编制环境影响报告书，对产生的环境影响进行全面评价；可能造成轻度环境影响的，应当编制环境影响报告表，对产生的环境影响进行分析或者专项评价；对环境影响很小、不需要进行环境影响评价的，应当填报环境影响登记表。《建设项目环境影响分类管理名录》（2017年修订）对于《环境影响评价法》第16条的规定予以细化，即对50个行业的若干类项目，从投资额度多少、规模大小、位置是否涉及环境敏感区等多种因素分类列举应该编制环境影响报告书、报告表还是填报环境影响登记表。根据2002年《环境影响评价法》规定，不管是环境影响报告书、环境影响报告表，还是对环境影响很小的项目填报的环境影响登记表均需要环保部门审批，不仅占用了大量的行政资源，而且增加了建设项目的行政审批

---

〔1〕［美］詹姆斯·萨尔兹曼、巴顿·汤普森：《美国环境法》（第4版），徐卓然、胡慕云译，北京大学出版社2016年版，第245页。

〔2〕［美］詹姆斯·萨尔兹曼、巴顿·汤普森：《美国环境法》（第4版），徐卓然、胡慕云译，北京大学出版社2016年版，第246~247页。

〔3〕［美］詹姆斯·萨尔兹曼、巴顿·汤普森：《美国环境法》（第4版），徐卓然、胡慕云译，北京大学出版社2016年版，第248页。

成本，因此，《环境影响评价法》于 2016 年修订时，其第 22 条明确规定"国家对环境影响登记表实行备案管理"。此外，2017 年修订的《建设项目环境保护管理条例》也就登记表项目备案作出规定。将登记表项目由审批制改为备案制，有利于把基层生态环境主管部门有限的行政力量集中到环境影响较大的项目和事中事后监管上。而编制环境影响报告书、报告表的区别在于评价的范围、审查程序及公众参与方面从繁杂向简单递减。根据已被废弃的 2006 年《环境影响评价公众参与暂行办法》第 2 条规定，只有需要编制环境影响报告书的建设项目环评才允许公众参与，而编制环境影响报告表或者填报环境影响登记表基本上排除公众参与。而 2018 年由生态环境部部务会议审议通过的《环境影响评价公众参与办法》依然限定依法应当编制环境影响报告书的建设项目的环境影响评价公众参与适用本法。[1]

建设项目是否按照相关规范的规定编制环评文件，是否存在本应编制环境影响报告书却编制环境影响报告表的情形，主要由生态环境主管部门进行审查和监督，因为，我国环评分类管理的过滤程序并没有纳入公众参与，即在环评的过滤程序中少有社会监督。

（二）环评文件的内容

生态环境主管部门主要审查环评文件的内容形式上是否齐备和实质上是否客观、科学、合法。关于环境影响评价文件的内容要求形式上齐备，我国《环境影响评价法》第 17 条仅规定环境影响报告书应当包含的内容：建设项目概况；建设项目周围环境现状；建设项目对环境可能造成影响的分析、预测和评估；建设项目环境保护措施及其技术、经济论证；建设项目对环境影响的经济损益分析；对建设项目实施环境监测的建议；环境影响评价的结论。至于环境影响报告表和环境影响登记表的内容和格式，由国务院环境保护行政主管部门规定。

---

[1]《环境影响评价公众参与办法》第 2 条："本办法适用于可能造成不良环境影响并直接涉及公众环境权益的工业、农业、畜牧业、林业、能源、水利、交通、城市建设、旅游、自然资源开发的有关专项规划的环境影响评价公众参与，和依法应当编制环境影响报告书的建设项目的环境影响评价公众参与。国家规定需要保密的情形除外。"

关于环评文件实质上是否客观、科学、合法，生态环境主管部门将主要审查：第一，建设项目选址、选线、布局是否符合区域、流域规划和城市总体规划。建设项目选址若涉及依法划定的自然保护区、风景名胜区、生活饮用水水源保护区及其他需要特别保护的区域的，是否符合该区域内建设项目环境管理的有关规定。第二，建设项目是否符合环境保护相关法律法规和政策要求。第三，建设项目所在区域环境质量是否满足相应环境功能区划和生态功能区划标准或要求。第四，拟采取的污染防治措施能否确保污染物排放达到规定的排放标准，是否满足污染物总量控制要求；拟采取的生态保护措施是否能有效预防和控制生态破坏；涉及可能产生辐射和放射性污染的，拟采取的防治措施是否能有效预防和控制辐射和放射性污染。第五，环境影响评价文件编制内容是否符合法律法规和相关技术规范的要求。生态环境主管部门主要依据环境影响评价文件对以上问题进行考虑并最终决定是否批准。因此，环境影响评价文件的真实客观性非常重要，尤其是建设项目概况、建设项目周围环境现状等基础信息是否真实，生态环境主管部门负有审查的义务，其既可以通过现场检查、勘验，或者通过重视环评文件编制过程中的公众参与促进环评基础信息的准确性，排除人为造假的因素。

（三）环评结论

实践中，生态环境主管部门对环境影响评价文件的审批在很大程度上也依赖于环境影响评价文件的有关结论。[1]根据原环境保护部于2016年12月发布、2017年1月1日实施的新版《建设项目环境影响评价技术导则 总纲》的规定："对建设项目的建设概况、环境质量现状、污染物排放情况、主要环境影响、公众意见采纳情况、环境保护措施、环境影响经济损益分析、环境管理与监测计划等内容进行概括总结，结合环境质量目标要求，明确给出建设项目的环境影响可行性结论。对存在重大环境制约因素、环境影响不可接受或环境风险不可控、环境保护措施经济技术不满足

---

〔1〕 汪劲："对提高环评有效性问题的法律思考——以环评报告审批过程为中心"，载《环境保护》2005年第3期。

长期稳定达标及生态保护要求、区域环境问题突出且整治计划不落实或不能满足环境质量改善目标的建设项目，应提出环境影响不可行的结论。"即新版的《建设项目环境影响评价技术导则总纲》在环境影响评价结论里增加了环境影响不可行结论的判定要求。对于环评结论的作出是否科学合理由生态环境主管部门进行审查。

三、审批决定的作出

根据《环境影响评价法》第 22 条的规定，审批部门应当自收到环境影响报告书之日起 60 日内，收到环境影响报告表之日起 30 日内，分别作出审批决定并书面通知建设单位。

（一）不予批准

2017 年修订的《建设项目环境保护管理条例》明确了生态环境主管部门不予批准的五种情形，其第 11 条规定，建设项目有下列情形之一的，生态环境主管部门应当对其环境影响报告书、环境影响报告表作出不予批准的决定：一是建设项目类型及其选址、布局、规模等不符合环境保护法律法规和相关法定规划；二是所在区域环境质量未达到国家或者地方环境质量标准，且建设项目拟采取的措施不能满足区域环境质量改善目标管理要求；三是建设项目采取的污染防治措施无法确保污染物排放达到国家和地方排放标准，或者未采取必要措施预防和控制生态破坏；四是改建、扩建和技术改造项目，未针对项目原有环境污染和生态破坏提出有效防治措施；五是建设项目的环境影响报告书、环境影响报告表的基础资料数据明显不实，内容存在重大缺陷、遗漏，或者环境影响评价结论不明确、不合理。

一直以来，《环境影响评价法》并未规定建设项目能否通过环评审批的实质门槛条件，主要通过一套法律程序的建构来决定实质事项，但《建设项目环境保护管理条例》于 2017 年修订时，增加了关于生态环境主管部门不予环评批准的五种情形，为环评审批设置了实质规范门槛，压缩了环评审批的自由裁量权。

（二）予以批准

建设项目的环境影响评价文件能否通过环评审查是建设单位开工建设的前提条件。实践中，绝大部分的环境影响评价文件都能以附加条件的形式通过审批。即生态环境行政主管部门在作出予以批准的审批决定时，往往附加了条件，比如"建设单位若能认真落实环评报告中提出的污染物防治措施，从环保角度看，该工程的建设是可行的"；"根据环评结论，在确保各项污染防止措施落实到位，各类污染物达标排放的前提下"，"在落实报告书提出的各项环境保护措施后，污染物可达标排放，环境不良影响可得到有效的缓解和控制，不导致区域环境功能改变，同意建设"。[1]对于所附条件是否实现，是否落实，是环评制度能否发挥预防作用的关键，生态环境主管部门应加强事中事后监管。因为环评审批决定一方面是目的事业主管机关是否许可建设项目开发的基础，同时又是通过环评程序后追踪、考核的依据。

由上可知，在我国整个环评程序中，行政权是居于主导地位的，对于建设项目是否需要环评、进行何种类型的环评拥有审核、监督权。最重要的是，生态环境主管部门在对环评文件的真实性、合理性进行判断的基础上，重点审查建设项目的环境可行性、环境影响分析预测评估的可靠性、环境保护措施的有效性、环境影响评价结论的科学性等并最终作出"予以批准"或"不予批准"的审批决定，而环评能否通过，是该项目能否开发建设的必要条件。尽管其中有关环评基础事实与数据的调查由建设单位所主导并由编制环评文件的环评机构所负责，但生态环境主管部门基于法定职责的履行，仍负有确保环评文件的正确性与真实性的监督职责。

第三节　环评审批的效力

目前各国（地区）关于环评审批（审查）的效力主要有两种模式：即

---

[1]《关于巨腾（内江）资讯配件有限公司电脑配件项目环境影响报告书的批复》（川环审批〔2011〕423号）。

否决权效力与纯程序效力。否决权效力以我国为代表，如果建设项目遭到环评审批（审查）机关的否决，建设项目便不得开工建设。而纯程序效力模式以美国、德国为代表，只将环评及其审查作为建设项目许可决策中的纯程序要求，其仅是决定是否批准开发的众多考量因素之一，项目许可部门应进行综合考量，而不是仅以环评不通过为由驳回项目建设申请。

一、纯程序效力

关于美国 NEPA 所规定的环评制度，早期被认为是一种周延且有系统的程序，要求联邦机构运用科学方法，考量所有重要替代方案的环境影响之后，不偏不倚地考虑环境因素和经济因素，客观权衡开发行为的正、负面影响后，作出是否实施开发的决策。[1]美国 NEPA 用环评程序的规定建立对政府有关环境的行政行为的监督和制约制度，通过环评程序，国家环境政策和目标被纳入行政机关的决策过程，成为在决策中同经济等其他因素相平衡的一个重要砝码。[2]联邦机关对其所提的立法草案或所采取的重要联邦拟议行动必须自行准备环评文件，甚至对由其审批许可的开发行为，仍然必须为了核发该许可而准备环评文件，用以自我检视该开发行为对环境的影响。

美国环评案件曾引发 NEPA 要求准备环评文件究竟仅属于程序规范，或是更进一步具有实质规范意义的争论。前者是指 NEPA 纯属程序上的要求，只要环评义务机关履行环评程序，便已合法，至于是否以环境保护为重而作出有利于环境的决策，则是属于决策者的裁量。后者则认为，在环评文件充分揭露环境信息的前提下，当拟议行动对环境有危害时，环评义务机关除了履行环评程序外，更有避免环境危害或废弃拟议行动的义务。[3]

---

〔1〕　Joe Weston, "EIA, Decision-making Theory and Screening and Scoping in UK Practice", 43 J. ENVTL. *PLANNING & MGMT.* 185, 189 （2000）.

〔2〕　王曦："论美国《国家环境政策法》对完善我国环境法制的启示"，载《现代法学》2009 年第 4 期。

〔3〕　See Jason J. Czamezki , "Revisiting the Tense Relationship Between the U. S. Supreme Court, Administrative Procedure , and the National Environmental Policy Act", 25 STAN. ENVTL. L. J. 3, pp. 5~12 （2006）.

NEPA 最初实际上并未赋予环评程序以实质内涵，而主要是程序性要求。美国最高法院在斯特赖克海湾居民委员会诉卡伦案中表明了这一立场。[1]

在德国，基于其《环境评价法》第 12 条的规定，环评结果，即"开发计划对环境影响的评价"，应于作出计划许可决定时纳入"考量"，即开发行为对于环境造成影响的评估，仅是主管机关作出开发许可时应列入的"考量因素之一"，且"无优先性"，并不具备独立的法律效力，即便环评的结果极为负面，主管机关仍可能基于经济、社会等其他考量，准许该开发行为。[2]但开发许可主管机关依据《环境评价法》第 11 条提出避免、减轻或回复严重不利环境影响的对策，包括不能回复时的替代措施，以均衡环境造成的损害，同时依据德国《环境评价法》第 9 条第 2 项，必须阐明优先选择其他利益的理由，并且对外公布即可。

除了美国、德国外，跨国环境影响评价公约及欧盟的环评指令，都没有赋予环评结论具有完全否决决策的效力，不过由于公约对于公众参与的高度重视，还是可以让相关决策机关充分纳入环境因素的考虑，并且在作出相关决定时对各项因素予以充分说明。[3]即在环评仅是纯程序要求的国家，环评取得成功与重视程序正义或有完善的行政监督、社会监督（公众参与）密不可分。比如在美国，因环评由联邦机构进行，环评文件由联邦机构编制，如何能保证行政机关决策内容绝对符合环境理性？其中，公众参与、司法审查以及联邦环保署对联邦机关所进行的环评行政监督，强化了联邦机关决策的环境理性。

二、否决权效力

我国的环评审批均具有否决开发行为的效力。修订之前的《环境影响

---

〔1〕 Strycker's Bay Neighborhood Council, Inc. V. Karlen et al. 444 U. s. 223，转引自汪劲等编译：《环境正义：丧钟为谁而鸣——美国联邦法院环境诉讼经典判例选》，北京大学出版社 2006 年版，第 148 页。

〔2〕 傅玲静："论环境影响评估审查与开发行为许可间之关系——由德国法'暂时性整体判断'之观点出发"，载《兴大法学》2010 年第 7 期。

〔3〕 William A. Tilleman, "Public Participation in the Environmental Impact Assessment Process: a Comparative Study of Impact Assessment in Canada, the United States and the European Community", 33 Colum. J. Transnat'l L. 337 (1995).

评价法》第 25 条确立了"无环评、无许可、无开发"的原则，2016 年修订后的第 25 条规定，"建设项目的环境影响评价文件未依法经审批部门审查或者审查后未予批准的，建设单位不得开工建设"，将之前的原则改为了"无环评、无开发"，已不再将环评审批作为可行性研究报告审批或项目核准的前置条件，将环评审批与可行性研究报告审批或项目核准同时进行，但仍须在开工前完成。考虑到环境利益诉求常被劳资、拆迁、征地等其他诉求裹挟，导致仅具有环保职能的生态环境主管部门无力处理，《环境影响评价法》修订时将否决权予以了后移，环评否决权的后移有利于过滤公众环境利益之外的其他诉求，避免非环境利益诉求堆积在环评程序而未纳入最终决策程序予以通盘解决。[1]我国在制度设计之时均处在经济发展的上升时期，但同时环境问题已经凸显出来，为了平衡经济发展的强势，赋予生态环境主管部门基于环评制度的否决权也是一种可以理解的选择。但随着《环境影响评价法》的修订，我国取消了环评审批前置于项目审批的规定，即环评审批的否决效力只针对建设单位，而不再约束项目审批部门。同时，《环境影响评价法》第 31 条、第 34 条还分别对建设单位未经环评擅自开工以及环保部门或者其他部门的工作人员违法批准建设项目环境影响评价文件的法律责任作了明确规定，以巩固环评审批的否决权效力。通过立法设计将环评否决权交给生态环境主管部门，也是为了在国家重大决策中增加政府对环境影响的考量。[2]

在经济发展优先的背景下制定的《环境影响评价法》，为避免经济增长牺牲环境利益，特意设置生态环境主管部门为环境利益代言，并赋予其对可能产生较大环境影响的建设项目实质的否决权。我国立法赋予环评审批实体否决效力，其出发点有二：一是为了提升环境价值的重要性，让生态环境主管部门为环境把关，避免环境价值在项目审批部门追逐经济快速发展的脚步中被忽略。二是因为"重实体，轻程序"，程序仅是服务于实体的工具这一法律传统，如果仍赋予环评纯程序效力，必将为一味追求经

---

〔1〕 田亦尧："建设项目环评否决权的制度本源与改革路径"，载《现代法学》2016 年第 2 期。

〔2〕 郭莹："国家环保总局原副局长：环保总局将升级为环保部"，载 http://www.china.eom. cn/news/txt/2008—03/lO/content—12088387. htm，访问日期：2019 年 5 月 14 日。

济增长而忽略环境因素提供正当理由，大开方便之门。尽管环评制度运行出现了一些问题，然而不可否认的是，否决权效力促使本质上属于程序规范的《环境影响评价法》提升至实体管制规范的地位。有学者指出，否决效力条文设计当初之立法目的，系考量刚引进环评制度时，各目的事业主管机关对于环境、生态保护等各方面之概念尚未熟稔，而人民的环境意识亦无法有效监督政府，因此赋予环评审查委员会高度之决策权限，对可能造成污染之开发行为进行管控，以避免开发行为导致环境污染的情况加剧。

当然，针对环评审批的否决效力，有学者提出了质疑，认为一个完整的开发决策过程必须权衡包含环境因素的所有因素，而赋予生态环境主管部门环评审批否决权，其实是将环境因素与其他因素分开考虑，使项目审批部门免于考虑环境因素，表面上抬高了环境因素的地位，实际上却是剥夺了环境作为平衡所有利害因素考量的机能，导致环评未能实际影响、贡献于决策；生态环境主管部门独挑环评大梁，仿佛其他行政机关与环境价值不具有任何的关联。不论事前的审查或事后的追踪，生态环境主管部门宛如捍卫环境的斗士一般，必须对如此重大的事务负担沉重的责任。通常开发行为的成功，功劳都归于项目审批部门，但一旦对环境有所危害，生态环境主管部门却首当其冲。现行的双主管机关集中审查制，使得生态环境主管部门无法全心为环境发声，反而被期待要尽力"完成"环评审查。基于以上理由，其认为应废弃环评审批的否决效力，同时，为使每一个开发行为目的事业主管机关能切实关怀环境，环评应由核发执照的目的事业主管机关进行，并接受各机关以及社会监督。

其实，在性质上，不管是采取否决效力的我国环评，还是采取程序约束效力的美国、德国环评，都是基于对许可机关的不信任，因此授权生态环境主管部门对开发决策加以制衡，只是我国所采取的制衡手段更积极，法律效果更强。尽管否决权设置的基本逻辑是将环境价值视为绝对价值，一旦这个价值被危害，不论开发项目能带来多大的其他价值，都不许可，但在实际操作上，生态环境主管部门还是不得不在决策过程中考虑保护环境所要付出的代价。但是，否决权的设计不无道理，当决策在生态环境主管部门中产生，参与决策的人可能多具备一些对环境友善的态度与思维，则可望产生比较重视环境利益的决策。[1]尤其是在环评审查要面对粗放式的经济增长方式、自然资源利用的低效率、地方政府对经济增长的狂热追求及社会监督的薄弱等问题，将环评权限交由项目审批部门，赋予环评纯程序约束效力在目前并不可行。而美国、德国等国经济发达，经济增长需求不会成为搁置环境保护的绝对理由，而且其运行的"信息公开""公众参与"及"司法审查"在一定程度上构成了对行政机关经济发展决策权的重要制约，设置环评否决权意义不大。

第四节　环评审批问题呈现与原因剖析

环评制度在全球被公认为环保利器，但在中国经过近40年实践，仍存在诸多问题，不能完全发挥其预防环境问题产生的作用。环评法的目的实现不完全与环评审批权异化存在较大关联。

一、问题呈现：审批权异化

我国环评法设置环评审批制度，通过对可能产生较大环境影响的建设项目行使否决权，期望从源头上控制环境问题。但实践中，有些情况下因审批权异化致使环评法所确立的目标不能真正实现。

（一）环评审批分类管理的异化

为节约社会资源，集中全力应对需要进行环评的项目，各国环评制度均设置了过滤程序以确定建设项目是否需要环评或者编制何种类型的环评文件，我国《环境影响评价法》第16条确立了建设项目环评的分类管理，即根据建设项目对环境的影响程度而确定是编制环境影响报告书、环境影响报告表还是填报环境影响登记表，但其只是描绘"环境影响重大、轻度、很小"三类，尽管《建设项目环境影响分类管理名录》(2017年修订)

---

〔1〕　汤京平、邱崇原："专业与民主：台湾环境影响评估制度的运作与调适"，载《公共行政学报》2010年第35期。

对此规定进行了细化，即从投资额度多少、规模大小、位置是否涉及环境敏感区等多种因素分类列举应该编制环境影响报告书、报告表还是填报环境影响登记表。但如何判断建设项目的环境影响应归为重度或是轻度，法律并没有给出明确的指引，这就给了环评审批人员自由裁量的空间。[1]

分类管理可以有效节约社会资源，有利于环评程序这一"好钢"真正用在刀刃上。然而在理论上，建设单位是理性经济人，其有追求利益最大化的本能，有可能采取将一个整体而言需要进行环评的开发分割成多个不需进行环评的小开发这一"化整为零"或者"批小建大"的程序规避行为，即有些建设单位往往在投资额度、投资规模大小、位置方面做手脚，以尽可能地规避编制环境影响报告书的环评义务。此时，完全依赖于生态环境主管部门行使审批行政权进行监督。近几年我国环评审批制度改革的一个重点就是探索如何对建设项目实施分类管理。《"十三五"环境影响评价改革实施方案》为环评审批减负瘦身，将建设项目环境影响评价登记表改为备案制，可减轻环评审批 50% 的任务量。2017 年，《建设项目环境影响登记表备案管理办法》全面施行，全年共备案 78.75 万个项目，约占建设项目总数的 81%。环境影响评价登记表备案项目占总项目数量的 80% 以上，但备案项目管理机制尚未理顺。降级备案、突击备案和违规备案导致的错备率很高。一些敏感项目由于网络备案的即时性，审查人员很难迅速发现问题。但备案系统只有国家层面才能修改删除，省、市、区县环保管理人员对错备项目无法撤销和删除，使备案项目的监管在地方层面处于真空地带。[2]

虽然在国家层面有建设项目分类管理名录，然而不同地区结合各自的区位特征、产业政策、环境质量改善需求以及建设项目环境影响等几个考虑要素，仍需探索对分类管理目录进行细化和"本土化"，对国家名录中

---

〔1〕 朱然："建设项目环评审批中自由裁量权异化问题研究"，载《江汉论坛》2015 年第 2 期。

〔2〕 贾蕾等："环评制度改革与排污许可制度实施调研报告"，载《环境与可持续发展》2019 年第 2 期。

有地方特色的项目类别制定具体要求。[1]《国务院办公厅关于开展工程建设项目审批制度改革试点的通知》（国办发［2018］33 号文）提出针对房屋建筑和城市基础设施等工程，推行由政府统一组织对环境影响评价实行区域评估，对已经实施区域评估的工程建设项目，相应的审批事项实行告知承诺制，但并未明确告知承诺制的具体要求和实施方式。当前告知承诺制在各地均有探索，目前深圳前海合作区区域评估试点的形式是负面清单外的审批项目简化为报告表，实施告知承诺制，不进行实质审查和审批，公示其申报材料；负面清单外的备案类项目，不需编制环评文件，承诺后可直接开工。在实施告知承诺制时，不对环境影响评价文件进行实质审查直接作出审批决定，这种方式存在责任划分不清的问题，建设单位已承诺落实相关环保措施，应承担主体责任，但生态环境主管部门在不对环境影响评价文件进行实质审查的情况下出具审批文件，相当于认可了建设单位提交的环境影响评价文件，对于审批部门来说存在较大的风险责任。[2]

从我国环评制度的改革方向来看，正在加强地方政府在环评分类管理中的作用，如何加强监督，避免地方政府利用环评审批分类管理，有意弱化建设项目的环评义务显得尤为重要。

（二）环评审批分级管理的异化

环评分级审批是环评审批权在中央和地方的分权，即区分建设项目环评文件由哪一级政府审批。审批权力分配的标准随着社会发展的需要而不断改变。环评制度最初确立时，为发展国家经济的需求，审批权按效率原则绝大部分被配置给了地方政府。随着中央政府将社会稳定纳入到发展任务当中，环评审批事权划分逐渐考虑了政治风险因素。[3]1998 年 11 月，国务院发布了《建设项目环境保护管理条例》，将政治风险较大的项目审批权控制在中央。2002 年原国家环保总局发布了《建设项目环境影响评价

---

〔1〕 贾蕾等："环评制度改革与排污许可制度实施调研报告"，载《环境与可持续发展》2019 年第 2 期。

〔2〕 贾蕾等："环评制度改革与排污许可制度实施调研报告"，载《环境与可持续发展》2019 年第 2 期。

〔3〕 康达华、李郁芳："科技进步对央地政府间环评审批事权划分的影响——基于 1997-2013 年省级面板数据"，载《财经论丛》2016 年第 9 期。

文件分级审批规定》，以环评文件的类型确定审批权的分配，环境影响报告书由原国家环保总局审批，其他类型的环评文件可由原国家环保总局委托地方环保部门审批。2013年，我国原环境保护部下放了25项环境风险较小的环评审批权限，保留了敏感复杂项目的审批权。2015年，原环境保护部再次下放环评审批权，将火电站、热电站、国家高速公路等项目环评审批权限下放至省级。[1]随着"放管服"改革的持续推进，为提高审批效率，环评审批权正在不断下放到地方。地方政府正在承载越来越多的环评审批权限，比如2017年，部、省两级共审批项目环评39 000多个，对2000多个不符合环境准入要求的不予审批。而2017年原环境保护部只受理54个建设项目环评，批准同意48个项目建设。但现实中，特别是一些大型的项目，建设单位为了能顺利通过审批，将大项目拆分为几个小项目或者分期进行环评审批，原本需要上报原环境保护部的项目直接可以在省级或地级市环保部门审批，造成可能对环境产生重大影响的项目轻易而合法地开工。[2]尽管地方政府是中央政府的委托代理人，但个别地方政府会有因为政绩或利益驱动而加强或怠慢委托人部分指令的执行，导致环评分级审批权异化，《环境影响评价法》执法失灵。[3]

（三）建设项目环评文件评估的异化

生态环境主管部门收到建设单位递交的环评文件，可委托评估单位进行技术评估，即对环评文件的技术方法和评价结论进行技术把关，或组织由发改委、行业主管等多部门及专家参加的评审，出具评审意见，为其审批提供技术依据。为确保技术评估的客观公正，评估单位本应与生态环境主管部门脱离而独立存在，现实中作为代理人的评估机构却是委托人环保部门的下属单位。环境评估因此成了下级受上级"委托"的工作，这样就难免被审批部门的意志左右。因此，其无法克服审批部门权力异化的问

---

[1] 康达华、李郁芳："科技进步对央地政府间环评审批事权划分的影响——基于1997-2013年省级面板数据"，载《财经论丛》2016年第9期。

[2] 朱然："建设项目环评审批中自由裁量权异化问题研究"，载《江汉论坛》2015年第2期。

[3] 曹葵、刘骏："环境影响评价法执法失灵的剖析——机制与体制的障碍"，载《中国环境管理》2010年第2期。

题，往往会根据上级的意图得出"理想"的评估报告。评估机构是受审批部门委托作技术评估的机构，应该独立于审批部门之外，才能客观评价一份环评报告是否有效。[1]而且，关于环评文件的技术评估，没有公开、公平、公正的评估程序，为专家独立客观表达意见提供保障，行政机关"俘获"专家似乎轻而易举。"专业"的见解有可能沦为专断，行政机关也可能以"专业"名义，利用专家为自己的偏好服务，回避公众的批评。

(四) 环评审批附加条件通过

如前所述，生态环境主管部门关于环境影响报告书的批复往往附加大量条件。环评审批大量的附加条件现象的背后，是对于建设单位所编制（或委托环评机构编制）的环评文件的过度依赖。按照现行法律规定，环评文件的编制、撰写，是由建设单位负责，其可自行编写环评文件，也可委托给环评机构具体编写。我国建设单位作为委托方处于强势地位，环评机构的收入受制于建设单位，为谋求环评文件通过行政审批，常要求环评机构"这样"或"那样"，环评机构对环评文件结论负责也就变成"为环评文件通过审批"负责了。[2]有学者在对环评机构进行研究后指出，建设单位所委托的环评机构总是有办法找到不同的模式，使得环评的结果无论是在施工阶段或是未来的营运阶段对环境的影响都是轻微可控的。[3]一些环评机构在编制环评文件过程中不勘验现场、不开展环境状况调查、不分析数据可靠性和代表性，"在编制环评文件时，有的环评机构甚至不遵守行业规则，在数据上造假，在结论上故意用模糊、不确定的词语来表达应当明确的环境影响"。[4]环评机构如果难以客观、公正地开展环评，必然削弱环评的公正性、可靠性。有些环评机构不坚持科学评价，不敢以事实和科学数据说话，评价结论模糊，将项目的环境可行性与否的结论推给审批部门，更有甚者，弄虚作假，编造、伪造数据，或者隐瞒真实问题，无

---

〔1〕 王山山："环评乱象——正常产业链滋生的灰色利益链"，载《中国经济周刊》2014 年第 12 期。

〔2〕 包存宽："环境影响评价制度改革应着力回归环评本质"，载《中国环境管理》2015 年第 3 期。

〔3〕 徐世荣："民间环保出路在哪?"，载《中国时报》2005 年 6 月 4 日。

〔4〕 邱锐："两亿多人靠近污染源 折射环评短板"，载《中国科学报》2014 年 3 月 19 日。

法保证环评审批的科学性。[1]

因此，《环境影响评价法》设置了生态环境主管部门对建设单位编制的环境影响评价文件进行审核。而现实却是，在环评机构脱钩之前，其往往是作为环保部门下属机构的环科院所，与生态环境主管部门间存在利益关联。[2]中央第三巡视组专项巡视反馈意见提出："环评技术服务市场'红顶中介'现象突出，容易产生利益冲突和不当利益输送。全国环保系统所属环评机构，以其部门背景在环评技术服务市场取得竞争优势，有的业务可能导致公共利益与部门利益冲突，违反《环境影响评价法》。"同时明确要求："限期完成环评机构脱钩改制，规范环评技术服务市场。"[3]尽管环评机构脱钩现已完成，但生态环境主管部门若不现场检查、勘验，不重视公众参与，过于依赖建设单位编制的环境影响评价文件，并附加大量条件予以审批通过，则环评审批的科学合理性将大打折扣。正如一位民间团体代表所质疑的："环评报告有其价值选择性，开发单位想要避重就轻或隐匿真相也是很正常的事，但如果专家会议或环保署把它视为科学报告就有问题……应该定义为开发单位提出来的是业务报告，然后专家被选出来是要去评估这其中的科学性如何。"即便建设单位编制了环评文件，而作为审批机关的生态环境主管部门若不认真审查，而仅仅依赖建设单位递交的环评文件，则被生态环境主管部门审批通过的环评文件的客观性、合理性、真实性仍然会招致质疑。实践中，针对建设单位与环评机构的逐利性，行政机关采取消极态度，监督意愿和动力缺失。

二、审批权异化的原因剖析

被称为环保部门"最大权力"的环评却挡不住污染洪流。按照权力与

---

〔1〕 王玉振：《战略环境评价——从国际经验到中国的实践》，中国环境科学出版社 2012 年版，第 211 页。

〔2〕 包存宽："环境影响评价制度改革应着力回归环评本质"，载《中国环境管理》2015 年第 3 期。

〔3〕 《全国环保系统环评机构脱钩工作方案》规定："部直属单位的 8 家环评机构率先在 2015 年 12 月 31 日前脱钩，省级及以下环保系统环评机构分两批分别在 2016 年 6 月 30 日、12 月 31 日前全部脱钩。"

责任对等原则，作为最大权力，环评应承担起保护环境的最大责任。但是，在实践上，有些环评不仅没有起到预防环境问题发生的功能，反而成了一些不正当利益输送的通道。环评审批权异化的原因，是对拥有大量自由裁量权的行政权缺乏有效监督。

（一）环评审批存在大量自由裁量权

1. 环评审批具有科技专业性

环境法之所以发展成一个独立的法律部门，其背景因素是科技迅速发展并广泛运用于社会生活各层面。环境法在风险预防原则获得核心地位的同时，亦正式宣示着从传统秩序法时代跨越到科技法时代。环境法与科技法的交会主要体现在环境问题的成因、环境问题的掌握与介入时点（利用依据科学技术掌握与认识环境问题的现状），以及管制手段等三个面向。[1]在环境法上，环境问题的成因和应对无不牵涉到科技的影子，在规范与制度层面也往往涉及高度复杂性的科技专业知识。环境破坏后的修复、避免环境过度负担的预防以及控制经济活动等环境保护措施，由于皆必须对环境现状与未来、人类特定活动对环境影响的程度等进行自然科学上的分析与预测，使得环境问题具有浓厚的科技性。[2]科技关联性是环境法的首要特征已是环境法学界的共识。与其他部门法相比，环境法是一般法律规范和法律化的科学技术规范的综合体，是社会性与科学性高度统一的法律规范，是法律作为调节社会关系的工具与运用生态规律调控环境的有机结合。[3]而环境法的此一特征在环评领域表现得尤为突出，环评审批中所要处理的环境问题亦往往具有浓厚的科技性。比如，对建设项目是否会造成环境影响，造成多大环境影响，应采取何种预防或者减轻不良环境影响的对策和措施，使用何种跟踪监测方法的判断均涉及极强的专业知识和科学技术。美国《国家环境政策法》规定了环评制度，为了把环境因素同行政机关的

---

〔1〕　王毓正："论环境法于科技关联下之立法困境与管制手段变迁"，载《成大法学》2006年第12期。

〔2〕　叶俊荣："宪法位阶的环境权"，载叶俊荣：《环境政策与法律》，中国政法大学出版社2003年版，第139页。

〔3〕　吕忠梅：《环境法学》，法律出版社2004年版，第66页。

决策程序相结合，美国行政机关必须雇用在发展生态学、环境规划和环境科学等学术领域具有专门知识的人员，原来未接触环境价值或没有考虑环境价值经验的行政机关必须在决策过程中衡量和充分评价环境价值。[1]同时，环评程序首倡者，印第安纳大学戈得维尔教授觉察到，"由于实施《国家环境政策法》，多学科的科学已普遍地同重要资源管理机关的规划过程相结合，其中一个突出表现是行政机关比以前雇用更多的科学家"。[2]

我国《环境影响评价法》第4条、第6条中有关"为决策提供科学依据"及"鼓励和支持对环境影响评价的方法、技术规范进行科学研究""提高环境影响评价的科学性"的规定亦显示了环评审批的高度科技性，环评审批决定的作出必须运用科技专业知识。

2. 环评审批涉及多元利益冲突

环境为人类生存提供了必不可少的场所和物质支撑，同时也为经济发展贡献着自然资源和环境容量。因此，环境问题涉及多重领域，所牵扯的利益因素较多。如建设项目的开发，环境问题不但涉及开发单位的经济利益，亦有当地居民对于当地环境的需求利益，并且有政府对于政策的考虑，如此复杂的三方利益纠葛，就会造成环境保护问题利益冲突的加深。正如叶俊荣教授所言："环境行政不仅面临科技未知问题，由于'环境'具有公共物品性质，环境问题亦是资源分配的问题，因此决策之际即不可避免地会涉及相当广度的利益冲突。"[3]

而建设项目涉及环境资源的利用，用与不用或者如何使用均将导致利益冲突。建设项目能否开发涉及公共利益与个人利益以及个人利益之间的冲突和协调。依据利益主体进行分类，具体包含：项目开发地附近居民的个人利益包含生命安全、身体健康、环境利益、财产利益等，这些利益可能会因建设项目的开发受到影响或侵害；建设项目开发企业的经济利益；

---

〔1〕 Frank P. Grad, *Treatise on Environmental Law*, New York: Matthew Bender and Company, Inc., 1980: 9-153-154, 456, 转引自王曦："论美国《国家环境政策法》对完善我国环境法制的启示"，载《现代法学》2009年第4期。

〔2〕 Peter N. Davis, *Class Notes of Environmental Law*, 1990, 转引自王曦："论美国《国家环境政策法》对完善我国环境法制的启示"，载《现代法学》2009年第4期。

〔3〕 叶俊荣：《环境政策与法律》，中国政法大学出版社2003年版，第89页。

社会公众的环境利益和经济利益。在其中，利益冲突表现形式多样：一是开发企业的经济利益与开发地附近居民的人身利益、财产利益和环境利益的冲突；二是社会公众的环境利益和经济利益的冲突；三是开发企业的经济利益与社会公众的环境利益的冲突；四是开发地附近居民的人身利益、财产利益和环境利益与社会公众经济利益的冲突。

环评审批存在科技性及利益多元性，使得立法无法直接规制，只能赋予行政机关行政审批大量的自由裁量权。当规范事项涉及科技或专业知识时，实际上重要的规范内容并非规定丁法律，反倒是规定在行政命令当中，而法律的最主要规范作用则退守到提供行政命令授权依据。

（二）地方政府片面追求短期经济增长，直接干预环评

建设项目的环评审批机关是生态环境主管部门，但在我国现有管理体制下，生态环境主管部门有时难以独立公正行使环评审批权，由于建设项目所属企业的强势，以及同级政府或上级部门的种种压力，而让环评成为摆设，程序流于形式。[1]生态环境主管部门往往遵从地方政府意愿，简化环评手续，为项目审批提供"绿色通道"，对某些"未批先建""批小建大"的项目听之任之。根据原环保部华北督查中心排查，华北 2005 年之后新增的钢铁产能，绝大部分都没有环评审批手续；河北的钢铁产能，近 80%没有环评等手续，属违规建设。"野蛮生长"的钢铁企业，成为京津冀空气污染的主要来源之一。但这些违规项目却一直存在着、污染着。[2]

在现实生活中，保护环境这一目标被湮没于地方政府多元化的目标追求中。在短时期内，环境保护和经济发展存在难以协调的矛盾，在两种利益出现冲突时，一些地方政府往往选择追求经济发展，忽视环境、甚至牺牲环境的做法。可持续发展作为世界各国环评制度的主要内涵是毋庸置疑的，这一内涵亦被纳入我国《环境影响评价法》的立法目的，[3]2014 年

---

〔1〕　蔡守秋："论健全环境影响评价法律制度的几个问题"，载《环境污染与防治》2009 年第 12 期。

〔2〕　"能源周刊：国内油价小涨　华北 80%钢铁项目无环评"，载 http://news.hexun.com/2013-12-14/160590021.html，访问日期：2014 年 6 月 24 日。

〔3〕　《环境影响评价法》第 1 条规定："为了实施可持续发展战略，预防因规划和建设项目实施后对环境造成不良影响，促进经济、社会和环境的协调发展，制定本法。"

修订的《环境保护法》就明确规定了各级政府领导和工作人员环境保护目标责任制和考核评价制度。如果相关制度落到实处，对地方政府片面追求经济增长将起到一定的抑制效果。

总之，因行政机关部门利益的存在及地方政府追求经济发展的驱动，生态环境主管部门并未完全执行环评法律法规，导致环评难以真正发挥预防环境污染、防止生态破坏的功能。正如李迎春博士所言："建设项目环评许可纠纷主要源于行政许可权行使的违法与不当。"[1]

(三) 对环评审批权的行使缺乏有效监督

麦迪逊说："假如人是天使，就不需要政府；假如由天使来管理人，就不需要从外部或内部来控制政府。在设计一个由人来管理人的政府时，最大的困难在于：首先，必须使政府能控制被管理者；其次，要强迫政府控制自己。"[2]涉及"人管理人"的政府时，如何促使"治人者严于律己"是一个随着政府出现便已产生并将长久存续的话题，在古罗马时就有一种担忧："看守者自己由谁看管？谁又来监督监管者呢？"[3]因此，在环境管制中行政权缺乏监督是其被滥用的根源。监督主要包含行政机关内部监督及公众参与等外部监督。

1. 行政监督的缺陷

在我国，理论预设往往将行政机关或政府官员视为纯粹的利他主义者。如此出现奇怪景象：同一个人会奇妙地发生两种角色的转换，一个普通公民一旦成为官员或"公家人"，就从一个自利者摇身变成了克己奉公的"公仆"。如果他滥用权力、以权谋私，不过是"异化"或"变质"的结果，并非官员固有的"人性"使然。在"公共利益"的幌子下，作为真实自然人的个体官员的行为动机被一厢情愿的利他主义假设掩盖了。[4]即

---

〔1〕 李迎春："行政法视角下的环境影响评价制度研究"，中国政法大学 2008 年博士学位论文，第 97 页。

〔2〕 ［美］汉密尔顿等：《联邦党人文集》，程逢如等译，商务印书馆 1980 年版，第 264 页。

〔3〕 James M. Landis, The Administrative Process 46（1938）；Fedieralist 51（James Madison），转引自［美］斯蒂芬·布雷耶：《法官能为民主做什么》，何帆译，法律出版社 2012 年版，第 145 页。

〔4〕 包万超："公共选择理论与实证行政法学的分析基础"，载《比较法研究》2011 年第 3 期。

人们存在人性假设误区，认为政府的行为必然是保护环境而不会污染或破坏环境。而环境立法必须以一定的人性假设为前提，在此基础上所制定的《环境保护法》基本上指向监管污染企业和公民个人，很少规范或约束政府的行为，只能被定性为"监管者监管之法"。[1]《环境影响评价法》有关建设项目环评的规定，主要目的是为了规制建设单位、环评机构的环评行为，促使其依法履行环评义务、客观编制环评文件。

从我国《环境影响评价法》第 33 条、第 34 条规定可以看出，上级生态环境主管部门对于下级生态环境主管部门及其工作人员在审批、备案中违法收取费用或违法批准建设项目环境影响评价文件的行为，可以给予行政处分，构成犯罪的，还可以移交司法机关追究相关人员的刑事责任。但由于行政机关内部上、下级之间存在天然的亲密关系，上级行政机关的工作需要下级行政机关的支持和贯彻执行。因此，现实中极少有人因违法或不作为而受到行政、刑事制裁。[2]

2. 作为外部监督形式的公众参与严重不足

在整个环评过程中，与行政懈怠相联系的是，环评程序未被严格遵守。在此，以环评最核心的公众参与制度予以说明。

环评的公众参与是指建设单位及生态环境主管部门之外的其他相关机关、团体、地方政府、学者专家、当地居民等，通过法定或非法定的方式，参与环评文件的制作、审批等环节。公众参与是环评审批民主性和公正性必不可少的重要保障，也是各国环评制度不可缺少的内容。我国《环境保护法》《环境影响评价法》《环境影响评价公众参与办法》均对环评的公众参与作出了规定，但仍存在一些问题。

知情既是交流的开端也是参与的前提，不知情则无从交流和参与。公众知情权的实现与环境信息的公开密切相关。信息公开打破了利益集团的

---

〔1〕 据吕忠梅教授初步统计，《环境保护法》6 章 47 条中规定有关部门监管职权的有 19 项，涉及授权的条文占到全部条文的 2/3；而涉及政府环境保护责任的只有 3 条，而其中的 2 条是否真正属于政府环境保护责任还存在着很大的争议。参见吕忠梅："监管环境监管者：立法缺失及制度构建"，载《法商研究》2009 年第 5 期。此情形在《环境保护法》于 2014 年被修订后稍有改观。

〔2〕 "全国人大常委会执法检查组关于检查《环境影响评价法》实施情况的报告"，载《中华人民共和国全国人民代表大会常务委员会公报》2008 年第 7 期。

信息垄断，改变了不对称的话语权力，保障了公众知情权。《政府信息公开条例》和《环境信息公开办法（试行）》（已失效）均对环境信息的公开予以了规范：明确了信息公开的主体、信息公开的范围、信息公开的方式。环评中公众的知情权因信息公开的不理想未受到适当保障：一是环评信息公开的内容未包含环评程序本身所积累的信息，比如能够有效而实质性推动公众参与的公众意见、调查表及听证会记录等信息，在实践中被进一步简略化和异化，甚至简化到简单的项目建设规模、工程内容等，至于污染物种类、排放量、所产生的危害等则很少提及。二是信息公开方式可选择性空间太大，导致建设单位或者环评机构很自然地选择在其看来最为便利但未必便于公众查阅的方式发布环评信息，这是弗里德曼所说的典型的预设立场的、防卫式的信息公开方式。尽管《环境影响评价公众参与办法》第 11 条为避免防卫式信息公开，规定建设单位应当通过网络平台、报纸及易于知悉的场所张贴公告三种方式同步公开信息，但遗憾的是，《环境影响评价公众参与办法》仅适用于专项规划的环境影响评价公众参与和依法应当编制环境影响报告书的建设项目的环境影响评价公众参与，而制定环境影响评价表的公众参与则被排除在外。

公众参与的方式包括了建设单位或者其委托的环评机构调查公众意见和咨询专家意见、举行座谈会、论证会及听证会，至于采取何种方式让公众参与环评，根据立法的相关规定，由建设单位或者其委托的环评机构或者环保部门决定。在实践中绝大多数建设单位采取调查问卷的形式，由于法律没有明确"有关单位、专家和公众"的范围，建设单位往往将问卷发给无多大利害关系的单位、专家和公众，变相剥夺了可能受到开发不利影响的当事人陈述意见进行抗辩的机会。环评机构对环评的参与主体、参与方式有较大自由度。如在深港西部通道环评事件中，环评机构仅在某小区发了 50 份调查问卷的形式就完成了公众征求意见程序。原环境保护部西南督查中心程为曾经公开表示，在西南欠发达地区，公众参与形式较单一，多为问卷调查方式，且信息交流方式不能与项目特点相适应；有些建设项目避重就轻、避实就虚，企图蒙混过关；项目潜在的不利因素没有及时公布，公众提出的问题不能及时反馈。[1]不管是立法上还是实践中，对于环评审批的外部监督主要依靠公众参与。在环评立法上，对公众参与的重视度不断增长。参与的形式日益多元、参与的效力不断得以强化，但当公众参与的权益遭受侵害，或者认为环评审批违法时，往往演变为群体性事件的现状反映了救济机制的缺失。

环评违法责任追究机制不断健全，项目"未批先建"现象得到有效遏制，项目环评分类管理和分级审批更加科学，环评、"三同时"与排污许可管理有效衔接是《"十三五"环境影响评价改革实施方案》的工作目标。环评制度改革须抓住"如何防止环评及干预环评的任性权力"这一关键点，即环评制度改革的"牛鼻子"应是环评审批。[2]加强对环评审批的监督以防止行政权的任性与滥用。正如《关于强化建设项目环境影响评价事中事后监管的实施意见》所提出的，对生态环境主管部门要重点检查其环评审批行为和审批程序合法性、审批结果合规性。重大开发行为往往涉及巨大经济利益，基于经济利益的考虑，行政权能否保持其专业性和客观性值得质疑，因此需要借助公众与法院的力量加以监督，以促使行政权依法合理行使。

第五节　小　结

我国环评制度援引自美国，但在本土化后发生了质变，主要评价对象由"政府的决策行为"转变为"建设项目开发行为"，环评机制由"评价"改为"审批"，即从咨询、建议性质的评价结果，变为必须作出"审批结论"。我国环评制度的运行包含环评文件的编制、环评审批以及环评后续监管三个阶段，其中，环评审批阶段对于保障环评制度的有效性发挥极为重要的作用，生态环境主管部门通过对环评文件的编制过程及内容进行

---

〔1〕　"环评制度改革：2015 年环保系统环评机构全脱钩"，载 http://finance. eastmoney. com/news/1363，20120911250225293. html，访问日期：2014 年 11 月 14 日。

〔2〕　包存宽："环境影响评价制度改革应着力回归环评本质"，载《中国环境管理》2015 年第 3 期。

审查并决定是否赋予其法定效力，同时，环评批复与审批通过的环评文件又是环评后续监管及排污许可的重要依据。如果环评审批部门依法履行审批职责，环评自然能发挥《环境影响评价法》所确立的预防环境污染的功能。因此，必须加强行政权的司法控制以避免权力滥用，使得行政机关成为环境公共利益的忠实"代言人"。从依法治国的角度看，司法机关依法对于行政权的行使予以审查是宪法所赋予的职权，亦是宪法所课予的责任。法治国家的真谛即在于通过良好的制度杜绝滥权舞弊，相反地，仅诉诸个人专业良知或自诩依法行政而忽视制度改善与法治国家精神不符。

麦迪逊说："假如人是天使，就不需要政府；假如由天使来管理人，就不需要从外部或内部来控制政府。在设计一个由人来管理人的政府时，最大的困难在于：首先，必须使政府能控制被管理者；其次，要强迫政府控制自己。"〔1〕设计"人管理人"的政府时，如何促使"治人者严于律己"是一个随着政府出现便已产生并将长久存续的话题，在古罗马时就有一种担忧："看守者自己由谁看管？谁又来监督监管者呢？"〔2〕因此，在环境管制中行政权缺乏监督是其被滥用的根源。监督主要包含行政机关内部监督及公众参与、司法审查等外部监督。

第一节　环评审批的可诉性探讨

环评不规范、不合法主要是由主导环评程序进行的行政机关滥用审批权所致，而行政权滥用的根本原因是权力缺乏监督。在行政监督难以"忍痛割爱"的情形下，必须加强司法监督。而司法能否审查环评审批取决于环评审批是否是行政行为。

一、环评审批与开发许可的关系

针对各种开发行为或污染活动，通过许可制度对其予以规范、管理。针对开发行为的许可从场址选定、用地取得、环评审批再到经济主管部门许可开发。一直以来，我国对开发行为的管理采取先后许可的方式，但《环境

---

〔1〕　[美] 汉密尔顿等：《联邦党人文集》，程逢如等译，商务印书馆1980年版，第264页。

〔2〕　James M. Landis, The Administrative Process 46 (1938); Fedieralist 51 (James Madison)，转引自 [美] 斯蒂芬·布雷耶：《法官能为民主做什么》，何帆译，法律出版社2012年版，第145页。

影响评价法》在 2016 年修订时将开发项目的管理从先后许可改为平行许可。

环评审批是否可诉取决于其法律属性界定，即其与建设项目开发许可的关系如何。如果认为环评审批与开发许可之间构成"多阶段行政处分"，则环评审查仅是开发许可中的一个阶段，而不是一个独立的行政行为，仅是内部行为。

在我国，理论界少有直接探讨环评审批与开发许可的关系，只是间接涉及。如孔令滔在《论行政诉讼中前置行政行为的审查模式——以日本行政过程论为方法论的视角》一文中，认为环评审批决定与其后建设许可行为属于"复合行政行为"，环评审批决定因与建设许可行为存在主观上联系——以发生一个法律效果为目的，且存在某种实体上或程序上的客观性联系——前者构成后者的前提或基础，在具体的诉讼中，环评审批决定则属于前置行政行为，若前置行政行为违法，则被诉行政行为必然违法，即前置行政行为的合法有效是被诉行政行为合法有效的要件之一，[1]在"念泗三村 28 幢楼居民诉扬州市规划局许可行为侵权案"与"沈某贤等 182 人诉北京市规划委员会颁发建设工程规划许可证纠纷案"中法院均采纳了"行政行为违法性继承"的做法。行政行为违法性继承以存在多个行政行为为前提，即法院间接承认了环评审批决定是独立的行政行为。

在德国，因为环评不具有否决建设项目的效力，仅是是否批准开发的各种考虑因素之一，因此，环评作为行政行为的中间过程，仅具有程序效力。依据德国《环境影响评价法》第 2 条第 1 项规定："环境影响评价程序是有助于主管机关审查开发计划程序的一个非独立部分。"因此，环评在德国是附属在各该主管机关决定是否给予开发许可程序当中的一环，并非一个独立的行政程序。原则上不得直接起诉请求行政机关依法实施环评，而必须等到最终许可作出之后，才可以起诉，并附带主张环评规定的违反请求法院审查，除非自始未经过环评。

---

〔1〕 孔令滔："论行政诉讼中前置行政行为的审查模式——以日本行政过程论为方法论的视角"，载《公法研究》2011 年第 2 期。

二、我国环评审批是行政行为

我国《行政诉讼法》规定，公民、法人或者其他组织的合法权益受到行政机关和行政机关工作人员的行政行为侵犯时可以提起行政诉讼，[1]即确定了司法审查的范围仅为行政行为。因此，有关环评审批可诉性的争论主要围绕环评审批是否是行政行为而展开的。

依照行政法原理，行政行为是行政机关为调整"公法领域的具体事件而采取的某种规定、决定或其他国家措施，其对外具有直接法律效力"。[2]在德国和日本则就直接表述为行政行为。它最早被19世纪德国行政法学家奥特·玛雅所定义："行政行为是行政机关对相对人在具体事件中作出的决定其权利的优越性宣告。"[3]我国最高人民法院在《关于贯彻执行〈中华人民共和国行政诉讼法〉若干问题的意见（试行）》（已失效）（以下简称《行诉法意见》）（1991年）中将具体行政行为解释为："国家行政机关和行政机关的工作人员、法律法规授权的组织、行政机关委托的组织或个人在行政管理活动中行使职权，针对特定的公民、法人或者其他组织，就特定的具体事项，作出的有关该公民、法人或者其他组织权利义务的单方行为。"[4]随着行政实践不断丰富的具体行政行为类型的出现，最高人民法院在2000年《关于执行〈中华人民共和国行政诉讼法〉若干问题的解释》（已失效）（以下简称《行诉法解释》）中抛弃了对具体行政行为作出明确定义的尝试，代替以可诉行政行为外延描述和不可诉行为的明确排除来解决行政诉讼的受案范围。[5]《行诉法解释》[6]直接将具体行政行

---

[1] 《行政诉讼法》第2条规定："公民、法人或者其他组织认为行政机关和行政机关工作人员的行政行为侵犯其合法权益，有权依照本法向人民法院提起诉讼。"

[2] [德] 韩内特："德国的行政司法"，杜涛、王建斌译，载宋冰编：《程序、正义与现代化——外国法学家在华演讲录》，中国政法大学出版社1998年版，第62页。

[3] [德] 哈特穆特·毛雷尔：《行政法学总论》，高家伟译，法律出版社2002年版，第181页。

[4] 参见《关于贯彻执行〈中华人民共和国行政诉讼法〉若干问题的意见（试行）》第1条。

[5] 朱新力、高春燕："行政行为的重新定位"，载《浙江大学学报（人文社会科学版）》2003年第6期。

[6] 《行诉法解释》第1条规定："公民、法人或者其他组织对具有国家行政职权的机关和组织及其工作人员的行政行为不服，依法提起诉讼的，属于人民法院行政诉讼的受案范围。公民、

为的特征界定为：行政机关是具体行政行为的作出主体；行政机关对具体事件的处理行为必须依据职权作出；该处理行为对外直接发生了法律效果。而2014年修订的《行政诉讼法》第2条第1款规定："公民、法人或者其他组织认为行政机关和行政机关工作人员的行政行为侵犯其合法权益，有权依照本法向人民法院提起诉讼。"该条取消了"具体行政行为"与"抽象行政行为"之间的模糊地带，直接统称为行政行为。据此，分析环评审批是否属于行政行为，关键在于看其是否符合行政行为的特征。而从以下分析可知，环评审批具备行政行为的特征。

一是环评审批是行政机关所为的行为。根据《环境影响评价法》的规定，环评审批由生态环境主管部门作出，而生态环境主管部门是基于国家法律授权保护环境的行政机关，其主要职责就是保护环境以及公民的环境权益。二是环评审批是行政机关利用行政职权所为的行为，环评审批便是生态环境主管部门根据相关法律的规定，运用职权使用专业技术对特定建设项目的环境影响进行审查的具体事件。正如郑诗君所说：就行为性质而言，环评审查是环评主管机关根据公法规定，就特定开发单位申请开发许可的"具体事件"，针对其开发行为可能对于环境所造成的不良影响，依其专业知识技术进行审查，所涉及的是环境行政领域的国家高权行为，故属于"公权力行为"。三是环评审批是具有法律意义、产生法律效果的行为。我国《环境影响评价法》第25条规定，建设项目的环境影响评价文件未依法经审批部门审查或者审查后未予批准的，建设单位不得开工建设；该法第31条规定，擅自开工建设的，由县级以上环境保护行政主管部门责令停止建设，根据违法情节和危害后果，处建设项目总投资额1%以上5%以下的罚款，并可以责令恢复原状；对建设单位直接负责的主管人员和其他直接责任人员，依法给予行政处分。环评审批结论作出后，依法

（接上页）法人或者其他组织对下列行为不服提起诉讼的，不属于人民法院行政诉讼的受案范围：（一）行政诉讼法第十二条规定的行为；（二）公安、国家安全等机关依照刑事诉讼法的明确授权实施的行为；（三）调解行为以及法律规定的仲裁行为；（四）不具有强制力的行政指导行为；（五）驳回当事人对行政行为提起申诉的重复处理行为；（六）对公民、法人或者其他组织权利义务不产生实际影响的行为。"

应将其公告，随后将决定是否许可建设项目开发，进而直接影响该建设项目的继续进行或必须停止，如此导致在建设单位、建设项目开发地居民及生态环境主管部门之间产生一定的权利、义务或职责。因此环评审批并非仅仅是程序性机制，其实是在实质分配当事人间的权利义务。总之，正因为环评审批在我国具有否决建设项目开发的效力，使得环评审批对于建设单位及建设项目附近居民的权益均会产生影响，因而具有了外部法律效果，是一种行政行为，不再像美国、德国认定环评为内部程序。即使在美国，联邦机构未履行环评法定程序，居民与环保团体在一定条件下也可以提起诉讼救济，并非仅能等到许可行为作出时，才能诉讼。

环评审批是行政机关作出的行政行为亦为我国实务界所肯定，生态环境部门在作出建设项目环评文件审批决定，公告相关决定结果时往往会告知："依据《行政复议法》和《行政诉讼法》，公民、法人或者其他组织认为公告的建设项目环评文件审批决定侵犯其合法权益的，可以自公告期限届满之日起六十日内提起行政复议，也可以自公告期限届满之日起三个月内〔1〕提起行政诉讼。"〔2〕环评审批是行政行为的观点在法院的裁判书中亦得以体现，诸多裁判书均将环评审批称为环境保护（管理）行政许可，〔3〕甚至直接阐述被诉行政行为（环评审批）是涉及建设项目环评的一种行政许可行为。〔4〕

由此可见，尽管《环境影响评价法》未直接规定当事人就相关环评审批争议提起司法审查的权利，但依据相关法律对行政行为特征的描述可知，环评审批是区别于项目许可程序的独立行政行为。既然是独立行政行为，那

---

〔1〕《行政诉讼法》修正后将此规定改为："公民、法人或者其他组织直接向人民法院提起诉讼的，应当自知道或者应当知道作出行政行为之日起六个月内提出。法律另有规定的除外。"

〔2〕 参见 http://hps. mep. gov. cn/jsxm/pzxmgg/201403/t20140307_ 268848. htm，访问日期：2014 年 3 月 23 日。

〔3〕 田某斌与湖南省环境保护厅环境管理行政许可案，载 http://csyhfy. chinacourt. org/paper/detail/2014/05/id/1365029. shtml，访问日期：2014 年 8 月 17 日；许某元等与莆田市环保局行政许可案，载 http://www. court. gov. cn/zgcpwsw/fj/fjsptszjrmfy/ptscxqrmfy/xz/201407/t20140729_ 2275238. htm，访问日期：2014 年 8 月 17 日。

〔4〕 夏某官与东台市环保局环保行政许可案，载 http://www. court. gov. cn/zgcpwsw/jiangsu/jssycszjrmfy/xz/201407/t20140717_ 2121331. htm，访问日期：2014 年 8 月 17 日。

么当事人认为公告的建设项目环评审批决定侵犯其合法权益，可以向法院起诉。尽管环境问题复杂且具有强烈的政策性格，但法院在环境议题中的角色不容忽视，在国内环保意识高涨时期，法院不能成为制度上的缺席者。

第二节　环评审批案件类型与原告资格分析

在司法实践中，作为一种利益分配机制，原告资格的问题尤为重要：它一直被法院用来从众多可能的利益中选择它们愿意保护的利益。[1]环评审批案件可能由建设单位、环评机构、建设项目开发地居民、行政机关等多方利益冲突而产生。与环评相关的诉讼主要有三类：一是建设单位"应实施环评而未实施"而生态环境主管部门不予监管的，建设项目周边的居民作为原告诉请生态环境主管部门履行法定职责；二是生态环境主管部门进行环评审批时实质违法或程序违法，建设项目周边的居民作为利害关系人诉请法院撤销该违法审批；三是作为行政相对人的建设单位因不服生态环境主管部门对其"未批先建"的处罚而诉请法院撤销该处罚行为。依据原告的不同，环评审批案件可分为相对人诉讼与利害关系人诉讼，不同诉讼中的原告资格赋予标准是有区别的。

一、行政相对人诉讼中的原告资格

在我国行政诉讼制度确立之初，尽管 1989 年《行政诉讼法》第 2 条规定了原告资格，但理论上皆认为行政纠纷发生在作为管理者的行政机关与被管理的相对人之间，只有行政行为的相对人才具有原告资格，确立了"相对人原告资格论"。[2]即自行政诉讼制度产生时起，行政相对人毫无疑问具有质疑行政行为合法性的原告资格。建设单位是环评审批这一行政行

---

〔1〕　[英] 卡罗尔·哈洛、理查德·罗林斯：《法律与行政》（下卷），杨伟东等译，商务印书馆 2004 年版，第 992 页。

〔2〕　张尚鷟主编：《走出低谷的中国行政法学——中国行政法学综述与评价》，中国政法大学出版社 1991 年版，第 437 页；罗豪才、应松年主编：《行政诉讼法学》，中国政法大学出版社 1990 年版，第 145 页；方世荣主编：《行政法与行政诉讼法》，中国政法大学出版社 1999 年版，第 363 页。

为的相对人，对于行政机关的环评审批有异议的，可以向法院起诉。此类诉讼主要分为两种类型：一是环评未被审批通过引发的诉讼；二是建设单位违反《环境影响评价法》的相关规定（自始未进行环评或投入经营前未办理环保设施竣工验收手续）被行政机关处罚而引发的诉讼。因为环评基本上都能以附加条件（做好相关环保措施）而予以通过的现状，所以诉讼主要集中在第二种类型因行政处罚而引发诉讼。建设单位向法院起诉时，关于原告的诉讼资格，几乎无须特别说明，只需表明行政相对人身份，法院皆认可建设单位是适格的原告。

二、利害关系人诉讼中的原告资格

理论上认识的"相对人原告资格论"影响了我国司法实践，当时，诸多法院片面强调原告是否是作为行政相对人的公民、法人或其他组织，除此之外，一概以"不是行政管理相对人"为由不予受理案件，或虽受理，却又裁定"驳回起诉"。[1]然而，"相对人原告资格论"缩小了行政诉讼诉权的范围，使得相对人之外权益受到行政行为影响的公民、法人或者其他组织却被排除在司法救济大门之外。这一困境被《行诉法解释》所突破，《行诉法解释》第12条规定，与具体行政行为有法律上利害关系的公民、法人或者其他组织可以依法提起行政诉讼。即将《行政诉讼法》第2条规定"合法权益"解释为"法律上利害关系"。[2]自此确立了利害关系人诉讼。

"起诉资格扩展至越来越多的利害关系人，是法院针对行政机关没有公正代表相关利益而作出的回应，也是法院进行司法审查以矫正行政机关失职的需要。"[3]利害关系人诉讼，在日本被称为"邻人诉讼"，因不涉及行政行为的相对人，而涉及利益受行政行为影响的第三人，即发生在行

---

〔1〕　沈福俊："论对我国行政诉讼原告资格制度的认识及其发展"，载《华东政法学院学报》2000年第5期。

〔2〕　司法实务界将"法律上利害关系"界定为行政行为对公民、法人或者其他组织的权利义务已经或者必将产生实际影响。参见最高人民法院行政审判庭编：《〈关于执行《中华人民共和国行政诉讼法》若干问题的解释〉释义》，中国城市出版社2000年版，第26~27页。

〔3〕　[美] 理查德·B. 斯图尔特：《美国行政法的重构》，沈岿译，商务印书馆2002年版，第91页。

政机关与第三人之间。在环评审批案件中，建设单位提起诉讼的诉求主要是要求生态环境主管部门进行环评审批时，作出环评通过的结论，以获得项目许可开发的前提条件，最终实现其追求产业发展的经济利益；而第三人诉讼的诉求往往是阻止开发行为以保护其生存环境、生命健康权及财产权，要求行政机关充分考虑建设项目的环境影响。在环境问题日益严重，有必要加强环境保护的今天，利害关系人诉讼越来越多，引起了较大关注。

在环评审批案件中，关于利害关系人是否具有起诉资格的问题。最初，不管是法院还是被告，往往基于《行诉法解释》中有关相邻权的规定，对原告资格问题未予深究。如在 2001 年钱某业等不服上海市闸北区环境保护局核发技改项目审批意见案中，原告认为："环境影响报告书经批准后，计划部门方可批准建设项目设计任务书，而被告在环境影响报告书尚未完成的情况下，就同意第三人开工，是违反法律规定的。"在该案中并未争论原告是否具有起诉资格，但法院判决时仍认为"原告以尚未生产而推定将来可能产生的鱼腥味等气味影响环境为由要求撤销被告的具体行政行为，理由不足"。[1]

2005 年林某菊不服福安市工商行政管理局行政登记案则是转折点，针对被告对原告起诉资格的质疑，法院明确认定了原告适格。[2]在该案中，一审法院与二审法院皆认为，"林某菊与郭某所经营的'农家人饭庄'之间存在相邻关系，因此与福安市工商行政管理局颁发郭某营业执照的行为之间具有法律上的利害关系，具备本案原告诉讼主体资格。"[3]此案基本确定了受建设项目影响的附近居民是适格原告。如在 2008 年刘某明诉上海市松江区环境保护局案中，[4]法院认为原告刘某明与被诉行政行为有法律

---

〔1〕 钱某业等不服上海市闸北区环境保护局核发技改项目审批意见案，载 http://zjbar. chinalaw-info. com/newlaw2002/slc/slc. asp? db=fnl&gid=117529245 ，访问日期：2014 年 8 月 16 日。

〔2〕 福建省福安市人民法院行政判决书（〔2005〕安行初字第 2 号）；福建省宁德市中级人民法院行政判决书（〔2005〕宁行终字第 66 号）。

〔3〕 林某菊不服福安市工商行政管理局行政登记案，载 http://blog. sina. com. cn/s/blog_4e26fd760101721o. html，访问日期：2014 年 1 月 13 日。

〔4〕 上海市松江区人民法院行政判决书（〔2008〕松行初字第 8 号），上海市第一中级人民法院行政判决书（〔2008〕沪一中行终字第 168 号）。

上的利害关系，其具有提起诉讼的主体资格。在 2012 年楚某升诉郑州市环境保护局等环保行政审批纠纷案中，[1]关于原告适格问题，原告楚某升认为自己居住的楼房南边建设的政通变电站可能对自己的身体健康造成影响，依法有权对被告市环保局环评审批行为提起诉讼。在 2014 年邢某芳诉北京市房山区环境保护局环评审批案中[2]，法院认为，被告环评审批项目从邢某芳所居住的韩村河镇尤家坟村经过，对其生产、生活、居住环境有一定影响，故原告与该批复有行政法上的利害关系，具有提起行政诉讼的主体资格。

但是有关建设项目附近居民（包括个人、单位等）是否当然具备原告资格的问题，在司法实践中，不同的法院给予了不同解答。笔者在中国裁判文书网对 2014 年 1 月 1 日至 2018 年 12 月 30 日环评审批案件进行了搜索，阅读裁判书后发现绝大多数案件均涉及原告资格的争论，而法院基本上也认可了原告的起诉资格。但存在案情基本相同，原告资格认定相异的情形。在 2014 年许某元等与莆田市环保局环评审批案中[3]，原告以被告违法审批、且未保障其陈述、申辩和要求听证的权利请求撤销被告的环评审批结论。而法院认为，原告承包的土地系被告审批项目用地范围内，属于该行政行为的利害关系人范畴，有权依法提起诉讼。该案中，编制建设项目编制环评报告表符合相关法律规定，且并没有法律法规要求公众参与的规定，也非被告作出该建设项目审批的必备条件，因此驳回原告诉讼请求。而在 2014 年袁某与长沙市环境保护局环评审批案中[4]，经审理查明，袁某所住房屋位于建设项目（长沙市南湖片棚户区改造及环境整治工程项目）范围内，但法院认为，袁某所诉行政行为是环评审批，对其权利

---

[1] [2012] 郑行终字第 135 号。

[2] [2014] 二中行终字第 48 号，载 http://www.court.gov.cn/zgcpwsw/bj/bjsdezjrmfy/xz/201406/t20140617_ 1511418.htm，访问日期：2014 年 11 月 19 日。

[3] 许某元等与莆田市环境保护局行政审批案（[2014] 莆行终字第 58 号），载 http://www.court.gov.cn/zgcpwsw/fj/fjsptszjrmfy/ptscxqrmfy/xz/201407/t20140729_2275238.htm，访问日期：2014 年 8 月 17 日。

[4] 袁某与长沙市环境保护局行政审批案（[2014] 芙行初字第 6 号），载 http://www.court.gov.cn/zgcpwsw/hun/hnszsszjrmfy/zssfrqrmfy/xz/201404/t20140422_839402.htm，访问日期：2014 年 8 月 17 日。

义务不产生实际影响，袁某与被诉行政行为不具有法律上的利害关系。因此，袁某不具有本案原告主体资格，依法应当裁定驳回其起诉。而在2014年袁某荣与龙岩市环境保护局环评审批案中[1]，法院认为，上诉人（原告）系本案项目建设所在地村民，其房屋虽已被征收，但拆迁人安排的安置地及过渡房均在该项目周边，其与被诉行政行为有法律上的利害关系，具有原告诉讼主体资格。在赵某益诉杭州市萧山区环境保护局环评审批（［2018］浙01行终811号）一案中，原告认为环保部门的环评审批意见决定了涉案建设项目能否获得批准以及后续土地征收能否进行，进而导致其房屋被列入征收范围并遭到损坏。一审法院、二审法院并未因此否决原告的诉讼资格，只是以原告主张缺乏事实和法律依据且环评审批程序符合法律规定为由驳回了原告诉讼请求。

在沈某诉重庆市环境保护局两江新区分局环评审批（［2016］渝0112行初225号）一案中，法院却以原告居住的薇澜岸15栋最近物理距离为49.7米，该规划距离远超过加油加气站设计规定的20米最大防火安全距离。故被诉渝（两江）环准［2015］095号重庆市建设项目环境影响评价文件批准书并不影响原告的相邻权益，原告提起本诉不适格，依法不应受理。而在吴某瑶等15人诉台州市环境保护局环保行政许可一案中，尽管原告购买的荣安华府小区的房屋与环保局所许可的加油站安全防护距离为50米，但法院还是认为涉案加油站与原告购买的荣安华府小区的房屋之间存在相邻关系，被告行政许可决定与原告存在法律上的利害关系，而认可了原告的诉讼资格。

由上可知，在由建设单位提起的行政相对人诉讼中，原告、被告及法院间就原告具有诉讼资格均达成共识，尚无争议。但在利害关系人诉讼中，尽管有《行诉法解释》第12条的规定，关于原告是否具备诉讼资格争议较大，几乎成为每一案件的争论焦点之一。尽管绝大多数法院倾向于认为建设项目附近的居民具有原告资格，但建设项目附近到底是"多大范围"并不明确，实践中往往被限缩。如何在环评个案中解释"法律上的利

---

[1] 袁某荣与龙岩市环境保护局环评审批案（［2014］岩行终字第16号），载 http://www.court.gov.cn/zgcpwsw/fj/fjslyszjrmfy/xz/201403/t20140319_558253.htm，访问日期：2014年11月19日。

害关系"尚无统一标准，往往仅限于实体法上的利害关系。

第三节　环评审批案件的司法审查标准分析

为客观真实全面反映环评案件的审查标准现状，笔者以事实与理由的关键词皆为"环境影响评价"，在中国裁判文书网上搜索到自 2007 年 1 月 1 日至 2018 年 12 月 30 日所有的行政判决书共计 242 份。经过筛选、剔除建设单位未评先建被行政处罚的案件、单纯申请环评信息公开的案件、起诉规划部门的案件后，其中，公民个人或村民小组以利害关系人身份要求法院撤销环保部门的违法环评批复的案件共 62 件。

一、裁判结果分析：原告屡屡败诉

在公民个人或村民小组以利害关系人身份要求法院撤销环保部门的违法环评批复的 62 起案件里，原告胜诉的案件仅 3 起，胜诉率 4.8%。其中，2008 年、2009 年各 1 件，原告均败诉；2013 年 13 件，原告败诉 12 件，仅 1 起案件原告胜诉；2014 年 26 件，原告败诉 24 件，仅 2 起案件原告胜诉；2015 年 14 件，原告皆败诉；2016 年 7 件，原告皆败诉；2017 年 4 件，原告皆败诉；2018 年 8 件，仅 1 起案件原告胜诉。

原告为何会屡屡败诉？在我国，"民告官"的行政诉讼呈现原告的胜诉率即被告的败诉率低，10 年前被告败诉率占 30% 左右，至 2014 年修订《行政诉讼法》时下降到 10% 左右。[1]但随着新《行政诉讼法》试图破解"民告官"案件的立案、审理、执行三难的努力，各地"民告官"案件原告胜诉率有所提升。如广州 2016 年 1 月至 6 月行政诉讼原告的胜诉率为 17.54%。2016 年，在全国各级法院审结的 225 020 件一审行政案件中，行政机关败诉的案件共 32 895 件，败诉率为 14.62%，同比上升 0.84%。[2]

---

〔1〕 "中国民告官案原告胜诉率从 10 年前 30% 降至 10%"，载 http://politics.people.com.cn/n/2014/1105/c1001-25976290.html，访问日期：2016 年 12 月 2 日。

〔2〕 最高人民法院公布行政审判十大典型案例，载 http://www.court.gov.cn/zixun-xiangqing-47852.html，访问日期：2017 年 6 月 14 日。

而环评案件同样作为行政案件,不仅原告胜诉率远低于行政诉讼平均胜诉率,而且胜诉率在 2015 年、2016 年均为 0,并没有随着《行政诉讼法》《环境保护法》的修订有所提升,反而不升却降[1]。那到底是什么原因致使环评案件中的原告屡屡败诉,只能从裁判文书里去寻找答案。

二、法院裁判原告败诉的理由归纳:审查标准不当

通过阅读裁判文书发现,原告诉请法院依法撤销环保部门的违法环评批复的理由主要有:一是作为环评审批部门的被告没有审批权限;[2]二是环评文件的编制弄虚作假,比如捏造环评数据、公众参与造假等,而审批部门审查不严;[3]三是环评审批违反相关程序规定,如未告知利害关系人;[4]四是环评机构无相关资质或与建设单位有利益关联;[5]五是参加评审的专家不符合法律规定;[6]六是应编制环境影响报告书,而仅编制环境

[1] 2014 年《环境保护法》以 7 个条文,即第 19 条、第 41 条、第 44 条、第 56 条、第 61 条、第 63 条、第 65 条规范环评及其审批行为。新《行政诉讼法》明确行政机关"别插手"行政案件,就是意图破除权力的直接干扰;如"民告官"案"上提一级"的管辖分类,也是为了避免钱权的干扰;再如行政机关若不执行法院判决,可以直接处罚负责人。

[2] 如刘某娥诉房山区环境保护局案(〔2013〕房行初字第 95 号);邢某芳诉房山区环境保护局案(〔2013〕房行初字第 97 号);龙潭镇马家坪村第六村民小组诉嘉禾县环境保护局案(〔2015〕郴环行终字第 7 号);伍某等诉湛江市环境保护局案(〔2015〕湛开法行初字第 31 号);谷某宝等 12 人诉盘锦市环境保护局案(〔2014〕盘中行终字第 00023 号)。

[3] 如刘某东诉青岛市环境保护局案(〔2013〕南行初字第 29 号);深圳市龙岗平湖街道山厦社区居民委员会诉深圳市人居环境委员会案(〔2013〕深中法行终字第 382 号);杨某先诉青岛市环境保护局案(〔2013〕南行初字第 30 号);何某武等诉陕西省环境保护厅案(〔2014〕西中行终字第 00115 号);金某萍等诉河南省环境保护厅案(〔2014〕中行初字第 169 号);彭某友、田某斌诉湖南省环境保护厅案(〔2014〕雨行初字第 00006 号)。

[4] 程某芳诉信阳市环境保护局案(〔2014〕信中法行终字第 64 号);卢某等 204 人诉杭州市萧山区环保局案(〔2013〕杭萧行初字第 6 号);王某杰诉昆山市环境保护局案(〔2014〕苏中环行终字第 0001 号);夏某官等诉东台市环境保护局案(〔2014〕盐环行终字第 0002 号);张某军诉湖南省环境保护厅案(〔2014〕长中行终字第 00038 号);耿某旭诉洛阳市环境保护局案(〔2014〕洛行终字第 121 号);郭某亮等诉宁夏回族自治区环境保护厅案(〔2015〕银行终字第 25 号);沈某诉湖北省环境保护厅案(〔2015〕鄂江汉行初字第 00178 号)。

[5] 如深圳市龙岗平湖街道山厦社区居民委员会诉深圳市人居环境委员会案(〔2013〕深中法行终字第 382 号);彭某友、田某斌诉湖南省环境保护厅案(〔2014〕雨行初字第 00006 号)。

[6] 深圳市龙岗平湖街道山厦社区居民委员会诉深圳市人居环境委员会案(〔2013〕深中法行终字第 382 号)。

影响报告表或仅填写环境影响登记表。[1]

　　针对原告认为"作为环评审批部门的被告没有审批权限",法院往往依据《环境影响评价法》《建设项目环境影响评价文件分级审批规定》及相关地方性法规、规章认定被告具有审批权限。[2]仅在谷某宝等12人诉盘锦市环境保护局一案中,法院认为被上诉人作为被委托人只能以委托人的名义实施具体行政行为,以自己的名义作出的批复行为没有法定职权,应判决撤销其批复行为,但是该项目早已建成通车,撤销该具体行政行为将会给公共利益造成重大损失,因此不宜撤销该批复行为。[3]

　　针对原告主张被告审批环评文件时未征求公众意见违反法定程序要求撤销该批复行为,法院如何裁判取决于其对《行政许可法》第47条第1款中"重大利益关系"的解读[4],有的法院直接以环评批复没有直接涉及他人重大利害关系,因而被告未告知原告有关听证的权利,并未违反《行政许可法》有关听证的规定而判决原告败诉。[5]有的法院则认为,"关于原告诉称被告在作出行政批复过程中未保障陈述、申辩和要求听证的权利,由于原告未提供具体的法律规定,该主张亦不成立"。[6]有的法

---

〔1〕　林某诉苏州国家高新技术产业开发区环境保护局案（〔2015〕姑苏环行初字第00002号）；罗某某等诉湘潭县环境保护局案（〔2015〕潭中行终字第87号）。

〔2〕　如在刘某娥诉房山区环境保护局（〔2013〕房行初字第95号）一案中,法院通过解释《北京市环保局关于调整下放环保审批权限的通知》认定被告拥有审批权。

〔3〕　在谷某宝等12人诉盘锦市环境保护局（〔2014〕盘中行终字第00023号）一案中,法院认为,参照《建设项目环境影响评价文件分级审批规定》第8条的规定,省级环保部门提出分级审批建议,报省级人民政府批准后实施。由此,辽宁省环境保护局和辽宁省发展和改革委员会共同颁布了《辽宁省建设项目环境影响评价文件分级审批规定》。根据《行政诉讼法》第25条第4款的规定,由法律、法规授权的组织所作的具体行政行为,该组织是被告。由于部门规章不属于法律法规,其内容中所作出的分级审批的规定可以视为委托,但被委托人只能以委托人的名义实施具体行政行为。因此,被上诉人以自己的名义作出的批复行为没有法定职权。依据《行政诉讼法》第54条第2项的规定,应判决撤销。但是该项目早已建成通车,撤销该具体行政行为将会给公共利益造成重大损失,因此不宜撤销该批复行为。

〔4〕　《行政许可法》第47条第1款规定:"行政许可直接涉及申请人与他人之间重大利益关系的,行政机关在作出行政许可决定前,应当告知申请人、利害关系人享有要求听证的权利；申请人、利害关系人在被告知听证权利之日起五日内提出听证申请的,行政机关应当在二十日内组织听证。"

〔5〕　张某军诉湖南省环境保护厅案（〔2014〕长中行终字第00038号）。

〔6〕　程某芳诉信阳市环境保护局案（〔2014〕信中法行终字第64号）。

院认为,《环境影响评价法》第 16 条第 2 款第 1 项的规定可视为在环境保护专业领域进行行政许可时对于"重大利益关系"这一法律概念的判断标准,而进一步判断是否属于可能造成重大环境影响的建设项目,标准在于《建设项目环境影响评价分类管理名录》是否将该建设项目列入编制环境影响报告书的范围。本案中的行政许可授益对象并不需要编制环境影响报告书,而仅应当编制环境影响报告表,对其进行行政许可不必适用《行政许可法》第 47 条之规定。故对原告提出昆山市环保局未依法履行行政许可听证权利告知程序的主张不予支持。[1] 有的法院认为,环评审批部门根据环评结论和征求公众意见的情况,认定《环境影响批复》没有直接涉及他人重大利害关系。[2] 有的法院认为,虽然现行法律、法规对《行政许可法》第 47 条规定的"重大利益关系"未作明确界定,但根据通常理解,对相邻利害关系人的生产、生活造成严重损害、妨碍,且违反法律禁止性规定或超过利害关系人必要的容忍限度的,应当认定为具有重大利益关系。环保部门在审查和作出这类事关重大民生权益的行政许可时,未告知原告陈述、申辩和听证的权利违反法律规定。[3]

有些法院对于环评审批存在程序违法虽予以了确认,但往往以"公告环节中的瑕疵问题,并不足以影响本案被诉具体行政行为的合法性",[4] "被诉具体行政行为程序上存在的瑕疵不足以导致上诉人环境影响评价公

---

〔1〕 王某杰诉昆山市环境保护局案(〔2014〕苏中环行终字第 0001 号)。

〔2〕 在张某军诉湖南省环境保护厅(〔2014〕长中行终字第 00038 号)一案中,法院认为,湖南省环境保护厅根据环境影响评价结论和征求公众意见的情况,认定《环境影响批复》没有直接涉及他人重大利害关系,因而未告知张某军等有关听证的权利,并未违反《中华人民共和国行政许可法》有关听证的规定。

〔3〕 在夏某官等诉东台市环境保护局(〔2014〕盐环行终字第 0002 号)一案中,法院认为:四季辉煌沐浴广场的洗浴项目投入运营后所产生的潮湿、热气、噪声、污水等,对居住在该洗浴项目上方的被上诉人夏某官等四个家庭的生活环境肯定有较大影响,而且这种影响将是长期的、持续的。被上诉人夏某官等四个家庭作为与本案审批项目直接相邻的利害关系人,应当认定存在重大利益关系。环保部门在审查和作出这类事关重大民生权益的行政许可时,理应告知被上诉人夏某官等人享有陈述、申辩和听证的权利,并听取其意见,这是法定正当程序,也是行政机关应当履行的基本义务。因此,维持一审判决,依法撤销违反法定程序的环评审批。

〔4〕 在何某武等诉陕西省环境保护厅(〔2014〕西中行终字第 00115 号)一案中,法院指出,"被告省环保厅的受理公告及拟审批公告未满足公告期限不得少于 10 日的规定,应予指正,但该问题属于公告环节中的瑕疵问题,并不足以影响本案被诉具体行政行为的合法性"。

众参与权和知情权的丧失，上诉人也未能证明本案被诉具体行政行为及建设项目可能会对其居住环境造成危害"，[1]"不予听证的行为不符合程序正当的原则，属行政行为程序轻微违法，但对原告权利不产生实际影响"，[2]"环评审批虽然在程序上存在瑕疵，但并不构成严重程序违法"，[3]而判决驳回原告的诉讼请求。仅在卢某等 204 人诉杭州市萧山区环保局一案中，法院审理查明，萧山区环保局于收到审批申请的同日即作出被诉《审查意见函》，对涉案环评报告书予以批准，其行为明显违反《浙江省建设项目环境保护管理办法》第 22 条关于环评审批行政机关在审批环节应进行公示和公众调查的相关规定，构成严重违反法定程序，判决撤销被告作出的环评审批具体行政行为。

　　针对原告以环评文件的编制弄虚作假，而审批部门对于文件内容的真实性和合法性未予以审查为由诉请撤销环评批复，法院往往以"虚假信息的出现，反映了公众意见调查过程中的真实情况，不能据此否认公众意见调查全部真实性"，[4]"仅仅是笔误，更正即可"[5]而判决驳回原告诉讼请求；或对原告质疑环评文件不真实、有缺漏的主张不予审查，简单以

〔1〕　耿某旭诉洛阳市环境保护局案（〔2014〕洛行终字第 121 号）。

〔2〕　在沈某诉湖北省环境保护厅（〔2015〕鄂江汉行初字第 00178 号）一案中，法院认为："因被告省环保厅于 2014 年 6 月 19 日收到原告等人的行政复议申请书，其于同年 9 月 9 日作出听证通知书后又于同月 11 日撤销了上述听证通知书并决定不予听证的行为不符合程序正当的原则，属行政行为程序轻微违法，但对原告权利不产生实际影响。"

〔3〕　在张某军诉湖南省环境保护厅（〔2014〕长中行终字第 00038 号）一案中，法院认为："湖南省环境保护厅作出的《环境影响批复》虽然在程序上存在瑕疵，但并不构成严重程序违法，张某军要求撤销湖南省环境保护厅作出的《环境影响批复》的事实和理由均不能成立。"

〔4〕　在刘某东诉青岛市环境保护局（〔2013〕南行初字第 29 号）一案中，法院对于环评机构在编制报告书期间，回避建设项目利益直接相关者仅随机发放调查表 30 份，认为其环评公众参与符合《环境影响评价公众参与暂行办法》（已失效）第 5 条第 2 款、第 15 条、第 19 条的规定，公众参与的过程和内容是真实、有效的。关于原告认为环评报告表中公众调查意见弄虚作假，缺乏真实性的问题。法院认为："该随机收集的公众意见调查表系被调查人自行填写，填写内容的真实性环评单位无法控制和确认。这些虚假信息的出现，反映了公众意见调查过程中的真实情况，不能据此否认公众意见调查全部真实性。"

〔5〕　在彭某友、田某斌诉湖南省环境保护厅（〔2014〕雨行初字第 00006 号）一案中，对于原告提出的"环评地址、施工地址与相关部门实际批复的地址不一致，被告据此作出批复意见是错误的"。对于建设项目的选址与《建设用地批准书》中的用地不一致，或者环评审批的时间涂改或先于环评文件制定，作为被告的环保部门往往以"笔误"推脱，法院基本上都认可了被告的说法。

"该审批意见认定事实清楚、证据充分、程序合法"[1]为由判决驳回原告诉讼请求。有的法院甚至认为环评文件的真实性并非法院审查的对象，法院审查客体仅是环保部门的批复行为。[2]

对于原告"环评机构无相关资质或与建设单位有利益关联"的主张，法院主要审查环评机构是否具有评价权限，评价资质证书是否有效等，而环评机构与建设单位是否有利益关联，是否因利益关联影响环评文件的公正性、客观性和合理性的问题由原告举证，而原告因举证不能而败诉。[3]

尽管环评审批争议进入法院已障碍不大，但法院如何审查该类案件却至关重要，从目前来看，法院在审理此类案件时，不仅审查标准各异，甚至出现同案不同判的现象；而且很多法院基本上无条件遵循行政机关的判断，使得原告屡屡败诉。

第四节　小　结

环评审批是行政行为，属于司法审查对象已获得实务界的认可。作为行政行为相对人的建设单位具有原告资格已无疑义，但作为建设项目附近

---

　　[1]　在金某萍等诉河南省环境保护厅（［2014］中行初字第 169 号）一案中，原告认为，被告河南省环境保护厅在作出批准该项目环境影响评价文件的过程中，对环评报告中的多处漏洞审查不严，损害了建设项目利益相关人的合法权益。该批复依据的环评报告存在以下重大问题：①变电站四周是居民繁华区域，但上述环评报告中多次提及此处为市郊的红旗变电站，站址为农田。②红旗变电站是 3 台主变压器，不仅容量大，还增加了 1 台主变压器，产生的噪音值将会倍增，预测噪声污染评价指标使用 2 类标准进行评价与实际不符。法院并未对原告的上述意见进行审查，认为该审批意见认定事实清楚、证据充分、程序合法判决驳回原告诉讼请求。

　　[2]　在谷某宝等 12 人诉盘锦市环境保护局（［2014］盘中行终字第 00023 号）一案中，对于上诉人提出的《盘锦市中华路（庄林线绕城公路）环境影响报告书》的真实性原审法院未予审查的上诉请求，二审法院认为："本案是针对盘锦市环境保护局作出的《关于〈盘锦市中华路建设工程项目环境影响报告书〉的批复》提起的诉讼，因此本案的审查客体是被上诉人作出的该批复行为，《盘锦市中华路（庄林线绕城公路）环境影响报告书》并非本案审查客体，一审未审查该报告书的合法性并无不当，对于上诉人提出的该项上诉请求，不予支持。"

　　[3]　在彭某友、田某斌诉湖南省环境保护厅（［2014］雨行初字第 00006 号）一案中，关于二原告认为环评机构与项目建设单位属关联企业，编制的环境影响评价报告表缺乏公正性、客观性和合理性的问题。法院以环评机构拥有原环境保护部颁发的建设项目环境影响评价资质证书认定其环评资格，在二原告没有事实依据证实前，应当认定其公正性、客观性和合理性。

居民能否起诉则取决于对"法律上的利害关系人"的解释，而这常常被法院利用以限缩适格原告的范围。当环评审批案件被法院受理，法院如何审查，即采取何种审查标准对于当事人能否胜诉及其权益保护意义重大。在我国环评审批司法审查案件中，面对环评的科技专业性及关涉多元利益，法官往往采取尊重行政机关的专业性判断的态度，不进行有效的实体审查。在程序审查方面，关于程序是否合法，法院仅审查程序是否形式合法，至于程序是否实质合法或是否正当并不过问。而且对于程序瑕疵，不论大小，大多以不影响实体决定为由判决维持原行政行为。尽管环评以程序为核心，但法院在审查时依然延续重实体、轻程序的传统，程序仅是为实体服务的工具。

法院对环评审批司法审查案件采取以上审查标准，使得作为被告的行政机关几乎在所有的案件中都能胜诉。但目前，环评审批因欠缺充分有效的公众参与程序，其决定的正当性受到较高的质疑。而且环评文件由建设单位作出，是针对建设项目对环境影响所作的调查说明，其调查方式及数据结论的真实性、可靠性、完整性有待生态环境主管部门审查。法院对于生态环境主管部门未搜集甚至有意忽略建设项目开发地相关环境信息，未充分考量全部风险、权衡相关权益作出的环评审批结论，也以涉及专业知识应尊重行政机关的判断为由不予审查的做法是站不住脚的，就其本质而言，是司法权对于行政权行使某种程度的让步，然而此并无宪法明文授权。而且，对于程序权的保障较为缺乏，此对环评的运作极为不利，无法确保本属程序规定的环评法律中民众所应享有的程序权。

环评审批司法审查的理论变迁主要通过分析行政权正当性理论，来划分立法、行政及司法的权力边界并为司法审查的正当性提供理论依据。综观美国政府的立法、行政和司法三大部门对于环境危机的最初反应，我们可以看到，种种的反应都围绕着一个中心——行政部门。立法部门的主要反应是授权行政部门进行环境管理并要求行政部门先从自身的职能和决策程序的改革做起。行政部门的主要反应是按《国家环境政策法》的要求检查和完善自己的各项职责，将环境影响评价制度纳入行政决策程序。司法部门的反应主要是通过判例解释《国家环境政策法》，并对联邦机关的环境行政行为进行司法审查。[1]在我国环评审批案件中，出现法院退让现象的根源是认为行政权正当性仅来源于：一是立法明确授权，而且主要是实体法；二是行政机关本身拥有的人才与专业资源使其成为处理此类事务的最佳机关。关于行政权正当性的两种来源，使得法院主要审查行政权的行使是否符合实体法的规定，且在赋予行政自由裁量权的高度专业性质事务上采取自制的态度而尊重行政机关的决定。而行政权的正当性基础除了立法授权、行政机关专家拥有专业知识外，仍需要通过参与模式（遵循正当法律程序）来弥补。

第一节　依法行政理论下的环评审批司法审查

在 19 世纪至 20 世纪初期，人们奉行有限的、消极的国家观念，行政法旨在控制行政权，以司法审查为中心，最大限度地保护个人权利免遭行

---

[1] 王曦："论美国《国家环境政策法》对完善我国环境法制的启示"，载《现代法学》2009 年第 4 期。

政权的侵害。行政机关借由忠实地实施立法意志，而获得其权力行使的正当性。"不受选民控制的行政官员对私人自由的侵入，所采用的方式是确保此类侵入受命于一个合法的权力来源——立法机关。行政机关必须证明对私人自由的侵入是立法机关指令其所为，这一要求为司法审查提供了一个依据，也可用来界定法院在面对行政机关时所应承担的适当角色。"[1]此理论在大陆法系称为依法行政理论，在英美法系即是越权原则理论。

一、英美法系的越权原则理论

越权原则长久以来都被认为是英美法系国家司法审查的基础。英国当代行政法的奠基人之一威廉·韦德提出："越权原则构成司法审查的核心原则，或者说基础。"[2]所谓"越权"，意指"超出法律的授权"或者"法律根本没有授权"。一般来说，议会在通过法律将一定的行政权授予行政机关时，都要设定权力行使条件。在传统主流观点看来，越权原则构成了司法审查的一个充分且必要的理论，其"必要性体现在司法干预的任何理由要能被接受，都必须与越权原则保持一致，其充分性体现在司法干预的任何理由只要与越权原则保持一致，就不再需要对其正当性进行进一步的考察"[3]。在越权原则指导下，法院通过证明自己始终站在立法机关的民主阵线上，来使自己的行为合法化。"在现代国家，法律是由受人民授权的机构合法制定产生的，其他机构的正当性都源于这一民主正当性。"[4]法院必须把立法机关的意图（民主的化身）经常装在心里（事实上遵从和执行立法机关的意图），至少应当挂在嘴上（摆出遵从和执行的架势）。

越权原则的原初含义，意指权限视为制定法条文明确授予的权力。可很多情形下，立法者故意留下不确定法律概念，除去不确定法律概念，那些似乎清晰的制定法条款也存在复杂的含义。在进行法律解释时，当事

---

〔1〕　[美]理查德·B.斯图尔特：《美国行政法的重构》，沈岿译，商务印书馆 2002 年版，第 11 页。

〔2〕　W. Wade, *Administrative Law* (4th , Clarendon, 1977), p. 40.

〔3〕　李洪雷："英国法上对行政裁量权的司法审查——兼与德国法比较"，载罗豪才主编：《行政法论丛》（第 6 卷），法律出版社 2003 年版。

〔4〕　David Dyzenhaus, "Formalism's Hollow Victory", *New Zealand Law Review*, 2002, p. 526.

人双方并不是在辨认某一条款的固有含义，而是寻求各自所希望的含义。一旦当事人双方不能就制定法含义统一意见，法院就责无旁贷应解释法律。如此，制定法本身并不能为法院判决提供充分的依据，因而需要寻求对该原则的广义理解。越权原则的第二层含义是假定制定法中包含了要求公共机构公正合理行事的"隐含要求"。韦德认为，这种"隐含要求"是法院"从制定法的字里行间读取出来的，或者更准确地说，是法院在制定法的字里行间插写进去的"。[1]越权理论将司法审查的合法性全部寄托于议会意图，司法审查的合法根据在于法院正在实现立法机关的意图。

二、大陆法系的依法行政理论

行政权的本质是"执行权"，其功能是具体化并实现国家意志，而民主国家中的国家意志来源于人民，通过人民所选出的代表在制定法律规范时将国家意志予以公布、实施。因此，依法行政是法治主义的重要环节，是现代立宪国家普遍推崇的基本原则。而司法审查的目的便是促进行政机关依法行政。正如黑尔（Hare）所说："司法审查的主要理由之一是，所有国民都关心行政机关的依法行政问题；如果对违法行为持听之任之的态度，法治原则将会遭到破坏。"[2]大陆法系国家偏重于实体法，要求行政机关在未获得法律授权时，不得以命令限制或剥夺人民自由或权利，而且要求任何行政行为均在已获授权时不得违反法律的规定。"在对行政权力的控制方面，法律力所能及的作用不外乎两种：一种是关注行政行为的结果，确定实体规则标准来控制权力；另一种是着眼于行政行为的过程，确定程序标准来控制权力。这已成为近代以来各国设计行政法功能模式的两

---

〔1〕 W. Wade, *Administrative Law*（4th，Clarendon，1977），p. 40.

〔2〕 "The Law of Standing in Public Interest Adjudication" in *Judicial Review in International Perspective*（Andenas ed，2000），p. 312，转引自［荷］汤姆·兹瓦："从分权角度对诉讼资格制度的比较研究"，余凌云、朗小风译，载《公法研究》2004年第0期。

个逻辑起点。"〔1〕大陆法系国家主要采取严格规则模式控制行政权，其中以德国和法国为典型。此种模式的特点体现为："从行政行为结果着眼，注重法律（尤其是行政法）实体规则的制定，行政主体的法律适用技术侧重于对实体法规则的分析并严格遵循实体法，法律规则被等同于行政管理权力的理由，通过详细的实体规则来实现对行政权力的控制功能。"〔2〕

行政实体法对于行政机关而言，是其行为规范，同时，对于法院来说，乃是其裁判规范。即行政实体法具有行为与审查标准双重功能，法院的审查范围取决于行政受法律约束程度，而此程度由行政实体法来决定。即理想的法治国（依法行政）原则模式应该是，透过严密而精确的立法来导引、控制行政的决定，并经由司法审查确保行政依循法律作出决定。〔3〕

三、依法行政理论下环评审批司法审查面临的机遇与挑战

环境行政决策具有决策于未知及必须权衡多元利益的特色，那么，现有的立法能否为环境行政提供作出决定的规则或标准，以证成行政权力行使的正当性，同时为法院审查行政机关是否依法行政提供精确指引。

（一）立法模糊难以为环境行政提供充分正当性基础

法明确性要求立法者对于人民自由加以限制时，必须要让人民能了解其义务所在，尽量使不确定法律规范的范围能在立法阶段加以确认，而不能由行政机关对该规范的解释全盘加以支配，以确保人民权利不受国家恣意的侵害。然而，透过严密而精确的立法来导引、控制行政决定的理想很难实现。首先，有限的法律语言难以表达复杂的现实，法律过于僵化往往容易滞后于社会发展而牺牲个案正义；其次，面对具有多元价值冲突的社

---

〔1〕　孙如林："行政权设定与行使的理论思考"，载 http://www.legaldaily.com.cn/zt/2006-09/06/content_404258.htm，访问日期：2014 年 2 月 9 日。也可参见孙笑侠："论法律对行政的综合化控制——从传统法治理论到当代行政法的理论基础"，载《比较法研究》1999 年第 Z1 期。

〔2〕　此观点见于孙如林："行政权设定与行使的理论思考"，载 http://www.legaldaily.com.cn/zt/2006-09/06/content_404258.htm，访问日期：2014 年 2 月 9 日。也可参见孙笑侠："论法律对行政的综合化控制——从传统法治理论到当代行政法的理论基础"，载《比较法研究》1999 年第 Z1 期。

〔3〕　盛子龙："行政法上不确定法律概念具体化之司法审查密度"，台湾大学 1995 年博士学位论文，第 1 页。

会，立法者难以再利用"条件式"构造的法律规范完成控制社会的任务；最后，随着国家任务的多元化和精致化，且常伴随专业化与不确定性，立法者缺乏对科技专业性问题进行详细规制的能力。正如戴维斯所言，行政裁量权产生的原因在于："第一，立法者在立法之时，对于自己是否有能力进一步规范某一特定的事项缺乏自信，这种心态使得立法者更愿意规定原则的、含糊的结构。第二，就某个棘手的问题制定政策，最好是在考虑具体问题时来完成；事先筹谋往往力不从心。第三，对立法目标规定得越详尽，越难获得议会多数的通过，所以详尽程度是由立法过程来决定的。"[1]事实上，法律甚少对于维护公益与增进人民福祉提供恒久的价值判断标准或作出巨细无遗的规定，往往采取以下两种方式制定富有弹性的法律：

其一，大量使用不确定法律概念，有意授予行政机关自行决定的空间。一个完全的法律条文包括"法律构成要件"与"法律效果"两部分，法律构成要件中有"确定性法律概念"与"不确定性法律概念"。法律规定皆以文字表示，法律构成要件若以抽象、空泛、不明确的字词表达，不确定法律概念就此产生。所谓"不确定法律概念"是指某些法律用语，其内涵是空洞虚无的，必须经由个案中具体事实涵摄适用后，方能将其内涵具体明确化。尤其在科技、经济与环境保护领域，为应对其不断发展，需要以动态可变动概念取代静态僵硬概念，由行政机关来确定其内容。例如，在涉及建设项目环评分类的制定法中，便使用了"环境影响很小""轻度环境影响""重大环境影响""对环境有影响的建设项目"等不确定法律概念。[2]

其二，法律规定采取"目的模式"——法律未规定明确的构成要件，而只规定所要达到的目标（有时规定目标实现的期限），至于实现目标的

---

[1] 余凌云："对行政裁量立法控制的疲软——一个实例的验证"，载《法学论坛》2009 年第 5 期。

[2] 参见《环境影响评价法》《建设项目环境保护管理条例》《建设项目环境影响评价分类管理名录》。

手段则委托个案的决定者决定。[1]即"要求行政机关在特定的期日前实施特定的行为以达到特定目标。尤其是环境保护，事情总是处于科学最前线，故议会没有规定规制内容之细目的能力，必须依存于行政机关的专门知识"。[2]正如有学者所观察洞悉的，"在面对环境问题复杂、环保科技日新月异的情况下，除了鉴于立法本身专业性不如行政部门充分，论者更认为立法者本身亦呈现相当的怠惰，总之，在环境保护规范的制定中，立法者往往采取大量授权（包含直接授权或间接授权），交由行政机关进行规章的制定以作为法律必要的补充，导致行政部门反倒成为法令主要的制定者、当然也是关键的执行者"。[3]

我国《环境影响评价法》以及相关法律法规并未明确规定建设项目开发的许可条件，而是要求建设单位对开发行为可能造成的环境影响加以调查、分析及预测，并提出可行的环境保护措施进行预防或应对，由建设单位以其开发行为对环境不良影响较小或可控来说服民众，尤其是环评审批机关同意其开发。即开发行为应实施的环境保护措施并未具体规定于相关环评法律规范之中，正如许宏达所言，发源自美国并广为世界各国借鉴的环评制度，即属于典型的"目的模式"立法。[4]"目的模式"立法区别于传统法律体系所采用的"命令及控制型"行政管制手段，其于"命令及控制型"行政管制手段对于预防性任务的功效有限而兴起，是指法律并未规定明确的行为模式，仅规定要达到的目的，至于实现目的的手段则需在具体个案中具体确定。环境事项具有高度科技专业性及迅速变化的特征，立法者往往无法预先在法律中详为规范，因此在环境法律中设计许多不确定法律概念及裁量规定，于法律所容许的框架范围内，赋予行政机关较为宽

---

〔1〕　美国议会从 1970 年至 1983 年制定了各种与环境相关的制定法，约有 600 个实现目标的限期（死线）规定。See Alden F. Abbott, "The Case Against Federal Statutory and Judicial Deadline: A Cost-Benefit Appraisal", 39 *Admin L. Rev*, 171, at 173 (1987).

〔2〕　See John D. Graham, "The Tailure of Agency-Forcing: The Regulation of Airborne Carcinagens under Section 112 of the Clean Air Act", 1985 Duke L. J. 100, at 100 (1985).

〔3〕　宫文祥："面对环境保护落实与环境政策形塑：试探美国联邦最高法院当为及当守之分际"，载《司法新声》2013 年第 105 期。

〔4〕　许宏达："环境风险管制之法律建制：以行政管制方法之变迁为中心"，载《中正大学法学集刊》2015 年卷，第 123 页。

泛而弹性的决定空间。

总之,面对高度专业性的环境问题,再加上需使用较多的科技标准或科学专业方法,使得立法者放弃较为完整的规定,立法监督势必轻松缓和,主要授权行政机关自行裁量决定,否则结果不是越俎代庖的错误立法,就是不敢妄动的忧郁行政。由此带来的难题便是,环境行政常常不得不在立法没有明确授权情形下作出决定,其权力行使的正当性受到了质疑。

(二) 立法模糊带给环评审批司法审查的机遇与挑战

在英美法系国家,越权原则强调法院在进行司法审查时,应当探求立法机关的意图,发现行政机关的权力界限,并借此阐明控制的正当性。换句话说,立法机关的立法意图,是法院进行司法审查时必须牢牢抓住的救命稻草。[1]大陆法系国家中依法行政的前提即行政权行使的主体、内容、时间、方式等均通过法律加以确定。这既可以使公民合理预见和测度行政活动,也可使司法机关据此衡量行政权的行使是否合法。[2]

立法对行政权的监督属于事前制约,司法对行政权的监督则属于事后制约,且司法审查行政行为的正当性来自于确保行政权力在立法确定的界限内行使。"一个独立的法院,在没有实现权力分立,没有实现基本权利——作为自卫权利以防范国家权力侵害——的前提下,是不可想象的。"[3]在立法机关对行政权的监督萎靡不振的情况下,由法院填补立法机关留下的监督空缺,是现代行政法的重要发展方向。"为避免因行政权滥用而使公民失去保护留下的真空,法院义无反顾地弥补空缺,其所采用的方式及所涉及的领域之广泛,是三十年前所始料未及的。"[4]随着立法方式的变迁,在所涉及议题专业性和技术性很强的背景下,针对某一事项法律进行具体

---

〔1〕 杨伟东:《权力结构中的行政诉讼》,北京大学出版社 2008 年版,第 37 页。

〔2〕 赵鹏:"知识与合法性:风险社会的行政法治原理",载《行政法学研究》2011 年第 4 期。

〔3〕 [德] 弗里德赫尔穆·胡芬:《行政诉讼法》,莫光华译,法律出版社 2003 年版,第 28 页。

〔4〕 R. v. Secretary of State for the Hope Department, ex part Fire Brigades Union 〔1995〕2 AC 513 at 567.

而细致的规定往往并不现实，原则性、方向性、概况性规定成为现实。而如此立法图景在环境法领域尤其明显。环境问题的高度专业技术特质一定程度上形成了"阻却立法"的普遍现象，欲将保护环境的策略、原则、准据、方法形诸为法律字句、条文，何其困难，"让给"行政部门广泛而弹性的政策形成与内极填充的空间，是环境立法无可逃避的宿命。国家应借助大量的科学技术与相关专家，以及利用经过科学方法分析或预测的数据与结果，以对于所管辖范围的环境问题予以相当程度地掌握，并进一步具体确立出其管制目标，并且通过污染源之数量与性质与环境条件综合分析，从而原本抽象的风险概念透过数据具体化为可供义务人遵循与主管机关执行的个别之行为义务。[1] 即环境法必须面对来自科技进步所造成的环境问题，而同时在解决问题上也必须借助科技以掌握环境问题的现状与未来影响，并借此寻找出能使环境利益与技术及经济的实现可能性处于平衡关系的解决方案。

不确定概念的使用及法律立法目的的模式的规定是一种立法技术，弥补了法律规范的普遍适用效力与具体个案差异间的鸿沟，但毫无疑问给司法带来了困难与挑战。行政机关对不确定概念的判断及立法目的的理解是否正确，原则上应受法院的审查，因为具体个案中解释法律的权力毫无疑问属于司法机关。

随着环境立法日趋模糊，难以为行政机关提供详尽的规则约束，在行政领域存在大量自由裁量权，即立法对于行政的事前约束力量已相当微弱。如果行政权没有权力予以约束制衡，必然滥用。因此，在立法事前精确监督环境行政难以实现时，必须加强法院监督环境行政权的功能，从而为司法介入环评、发挥其保护环境的作用提供了机遇。但紧紧相随的是挑战，在立法不甚明确时，司法审查环境行政决定失去了依据，甚至存在的正当性都受到质疑。法院在寻求直接立法意图未果的情形下，不得不运用"目的性解释"来寻找若隐若现的立法目的，如此尝试便拉大了司法审查与立法意图的距离，不断招致批评。约翰·劳斯（John Laws）直指越权原

---

〔1〕 陈慈阳：《环境法总论》，中国政法大学出版社 2003 年版，第 310~311 页。

则为掩盖真相的"假树叶",司法审查的存在"并未遵循立法机关的意志,除了作为一片假树叶掩盖其真正来源外,司法审查与议会意志无关,我们并不需要假树叶"。[1]

依法行政理论及越权原则理论阐述了行政权的正当性基础,亦为司法审查的存在提供了正当性——法院对行政权的监督恰是为了贯彻立法机关的旨意,同时法院也找到了审查标准——保障立法所确立的界限不被行政机关所突破。但因为环境问题的专业性及利益冲突多元,立法规定日益模糊,大量赋予行政机关自由裁量权,因此依法行政理论及越权原则理论无法诠释环评审批司法审查的正当性及审查标准问题,使得环评审批司法审查面临危机。

第二节 专家理论下的环评审批司法审查

现如今行政管理往往具有技术性和专业性,而立法者在规定涉技术性较强的法律条文时,往往是外行缺乏专门知识、经验技能,只能规定一般原则,细则问题只能留给行政机关裁量处置。从而导致在专业性领域行政裁量权激增,且缺乏立法监督。行政权正当性基础受到了冲击,专家理论得以产生,成为没有立法明确授权时的行政权行使的正当性基础。

一、专家理论下的司法审查

(一) 专家理论的内涵

含糊的、概括的或模棱两可的制定法引发了自由裁量权。美国自"新政"到 20 世纪 70 年代末,行政法的理论基础为一种更积极的国家干预主义,奉行管制的或功能主义的行政法模式。行政自由裁量权的广泛存在是客观存在的,也是必要的。因为行政专家行使的自由裁量权为有效执行法律和政策发挥了应有的创造性和灵活性。自由裁量权和专业性的存在使立法对行政机关的外部控制事实上难以奏效。因而越权原则理论所提供的形

---

〔1〕 Sir John Laws: "Law and Democracy", *Public Law*, 1995, pp. 72、79.

式正义之保障和形式正义之理性都在很大程度上被付诸虚幻。[1]裁量权的范围如何界定，本质上是权力分立的问题。基于现代行政事务日益专业化、技术化，尤其是环境管理，行政机关的决策如欲追求正确性和科学性，无疑需要专家的广泛参与和论证，通过对专业问题进行科学论证，才能实现决策的科学性与技术性。而相比于立法机关，行政机关更具备污染应对的相关专业与知识，行政机关所拥有的此种专业性优势便成为行政权的正当性依据，即专家理论成了行政权正当性理论。也就是说，正是行政机关在其所主管的事项上集结了最多人才与专业信息，由行政机关决策比政府其他部门或机关都专业，最适合获得授权去完成管制任务。

（二）法院对专业裁量的态度

如何控制专家理论下的行政权，即法院如何控制行政裁量权问题。戴维斯指出："如果法院能够要求行政机关自身制定规则以限制自由裁量权，那么，宽泛的制定法所引起的危险就可以在很大程度内得以避免。"[2]为此，其主张法院必须在每一个案件中"判定什么样的自由裁量权是必需的，什么样的自由裁量权是没有必要的"。如此，不仅难以具体实施，而且会给法院带来难以承受的负担。专家理论以权力分立为基础，通过观察行政、立法、司法三个权力部门在组织上、资源上及运作程序上的不同，而决定谁具有正当性来处理某些管制事务，因而面对具有高度专业性的事项被通常归属于行政权的权力范畴，法院应尊重行政机关的决定，否则会置自身于危险境地——面临司法介入欠缺正当性的质疑。

环评是事前由行政机关基于专业，就建设项目对环境可能产生的影响的程度与范围进行风险分析与评价，本质上是行政机关在建设项目开发前所实施的评价程序及专业审查。环评是环境法中的重要行政程序，其所发挥的功能不仅在于预防环境资源被不当分配与利用，与一般行政程序相比，其着重于解决污染防治及自然保育等环境保护议题，并借由专业评价

---

〔1〕　[美]理查德·B.斯图尔特：《美国行政法的重构》，沈岿译，商务印书馆2002年版，第46页。

〔2〕　[美]肯尼斯·卡尔普·戴维斯：《裁量正义》，毕洪海译，商务印书馆2009年版，第50页。

进而保护人民的生命、健康与财产等权益。究竟有哪些因素应该考量以及何种程度需要进行环评，尤其是环评包含的地理范围多大，具有专业能力的生态环境主管部门应进行监督与判断。但因如此判断涉及高度科技专业性及需对广泛冲突的多元利益进行衡量，立法机关赋予了行政机关在环评中的广泛自由裁量权。学界认为，行政机关对于"不确定法律概念之解释与适用，若涉及预测性或评估性之事项，特别是关于自然科学、环境生态、科技或经济领域的决定，因其涉及风险评估，自宜由行政机关作终局决定，从而法院审查之范围，应有所节制"。[1]因此，将具有专业优势作为行政行为存在的正当性，必然会导致法院在审查涉及专业性事项时，尊重行政机关的决定。

二、专家理论面临的危机

专家理论所反应的"专家治理"思维，正符合 19 世纪末、20 世纪初期美国思潮中的主张：公共行政与政治无涉，公共行政应由"价值中立"的专家、技术官僚凭借本身科学知识进行专业管理，以实现经济效率。同时这些专家治理必定会为社会谋求最大福祉，其决策一定符合公共利益，因此可以不受公众的监督。过去的治理典范预设科学与政治的两阶段架构，科学负责厘清事实，政治负责依据事实进行政策判断。但这样的预设忽视了科学与其他社会元素一样，并不如常识想象般中立，也是镶嵌在特定社会的政治、经济及文化之中的。专家理论的缺点在于，这种专家在进入行政机关后带来的迟钝、腐化令人诟病，专家不能解决社会冲突问题，行政机关内的专家容易与受管制的专家搞成利益的联结，因而造成"政府俘获"。[2]而且，"科学权威有可能并且确实被盗用于获利目的，这主要是因为外行常常不能把虚假学说与这种权威性的真正主张区别开来"。[3]如下以环评为例具体阐述科技理性遭受社会理性的质疑以及风险决策需要风

---

〔1〕 伍劲松："行政判断余地之理论、范围及其规制"，载《法学评论》2010 年第 3 期。

〔2〕 白贵秀："环境影响评价的正当性解析——以公众参与机制为例"，载《政法论丛》2011 年第 3 期，See Landis, *The Administrative Process*, Harvard University Press, 1938.

〔3〕 任定成主编：《科学人文读本（大学卷）》，北京大学出版社 2004 年版，第 149 页。

险沟通，使得专业理论面临危机。

（一）依靠专家增强我国环评审批决策的科学合理性

由《环境影响评价法》的规定可知，对于环评审批是否具有科学上的"正确性"，从立法条文上难以加以判断。即立法（尤其是实体规范）难以监督环评审批是否具有科学性，而这恰是环评能够发挥预防功能的关键所在。环境问题的复杂性、持久性和隐蔽性，环境保护的科学技术性以及环评是一项学科综合性强、涉及公众利益的专业技术工作。专家对那些与环境影响相关的特定领域的自然规律、生态规律和法规政策运行规律有较深的研究和了解，使得专家在环评中必然发挥着重要的作用。[1]我国环评审批确立了由评估机构进行技术评估以及由专家进行审查的程序，以增强环评审批决策的科学合理性。

一是确立了由评估机构对环境影响评价文件进行技术评估。尽管行政官员的专业化程度不断提高，但面对高度专业性的环评领域亦可能"雾里看花"。专家对那些与环境影响相关的特定领域的自然规律、生态规律和法规政策运行规律有较深的研究和了解，使得专家在环评中必然发挥着重要的作用。因此，面对建设单位报送的委托环评机构编制的环评文件，生态环境主管部门可以选择先委托评估机构进行技术评估，评估机构的职能主要是提供科学、客观地评估报告及环评文件编制质量的说明，并对评估结论负责。[2]在美国，20 多年来的科学决策经验无疑已经确证，规制机构需要独立的科学共同体来验证它们自己进行的专业判断。[3]

二是组织由专家参与的环评审查委员会。为建立和完善项目审批集体把关的监督制约机制，加强环评审批的公正性和准确性，各生态环境主管

---

〔1〕　郭羽："建设项目环境影响评价制度中'实质审查'的反思"，载《科技信息（学术研究）》2007 年第 24 期。

〔2〕　原国家环保总局《建设项目环境影响评价文件审批程序规定》第 11 条规定："环保总局受理建设项目环境影响报告书后，认为需要进行技术评估的，由环境影响评估机构对环境影响报告书进行技术评估，组织专家评审。评估机构一般应在 30 日内提交评估报告，并对评估结论负责。"

〔3〕　［美］希拉·加萨诺夫："科学型规制中的程序选择"，宋华琳译，载姜明安主编：《行政法论丛》（第 12 卷），法律出版社 2009 年版，第 239 页。

部门往往成立了环评审查委员会，审查可能对环境造成重大影响的建设项目，即对环境影响评估机构的技术评估报告、建设项目的环境影响、环评文件的质量等进行审查，最后作出"予以批准或不予批准"的环评批复，并函复建设单位。不管是环境影响评估机构评估报告的作出，还是审批部门环评批复的出炉，往往需要组织专家对专业性问题发表意见，对科学问题加以判断。为充分发挥专家在环境影响评价审查工作中的技术支持作用，原国家环保总局于 2003 年颁发了《环境影响评价审查专家库管理办法》，对入选专家库的专家条件予以了限定：必须是在本专业或者本行业有较深造诣，熟悉本专业或者本行业的国内外情况和动态；且熟悉国家有关法律、法规和政策，掌握环境影响评价审查技术规范和要求；并具有高级专业技术职称，从事相关专业领域工作五年以上。

关于专家的产生，根据《环境影响评价审查专家库管理办法》第 6 条、第 7 条的规定，专家库由各级环保部门设立，专家入选专家库采取个人申请或者单位推荐方式，由设立部门根据公布的专家库入选需求信息与条件，对申请人或者被推荐人进行遴选，并予以公布。为保证审查活动的公平、公正，《环境影响评价审查专家库管理办法》第 9 条第 1 款与第 10 条规定，参加审查小组的专家有权独立发表意见，本着科学求实和负责的态度认真履行职责，在规定的期限内客观、公正地提出审查意见，并对审查结论负责。审查小组的专业审查意见对于环评文件能否通过不具有决定效力，仅供环保部门环评审批决策参考。基于"任何人不能做自己案件的法官"的理念，回避制度在环评中得以贯彻。在环评程序中，需要协调开发单位及当地居民间的多元利益，"自己案件"的利益相关者毫无疑问应回避。我国《环境影响评价审查专家库管理办法》第 9 条第 2 款规定："参加审查小组的专家与为环境影响评价提供技术服务的机构存在利益关系，可能影响审查公正性的情况时，应当主动提出回避。"

（二）科技理性招致社会理性的质疑

我国环评制度相当重视科学的、客观的评估方法，认为对于事物的探讨都必须符合科学的判断，而所谓的科学是：（1）只探讨客观的事实，至于主观的价值应予以排除；（2）必须可以用科学方法加以验证；（3）重视数理工具的运用；（4）强调精准预测。环评将科技视作客观与价值中立的代表，在科技的带领下，必定可以精确预测环境风险，有助于环境问题的解决，因此通过科技所获取的评价结果应被公众信服，这就是所谓的"科技至上"的思维。在此思维下，环境问题被简化为科技问题，呈现在公众面前的很可能是许多的数据与统计资料，至于那些无法量化的环境价值等，许多所谓不客观、不理性的信息被予以排除。当前国内环评文件，充斥着各种数据、统计资料、预测模型，而诸如公众意见等无法量化的因素，其内容占环评文件的比重总是极低。民众的感受就是环评文件越来越厚，看不懂也不知道重点在哪里。在实践中，有些开发单位的环评文件的制作并不严谨，与环保组织搜集的资料呈现较大的差异，建设单位也很少因为环保组织的挑战而更新资料。

我国环评实践显示，科学评估在决策时程、资金赞助、范畴界定以及信息不充足等限制下，只能生产出有限的知识供决策参考，但更多的"不确定"与"未知"，反而成为企业、行政机关消极面对环境风险，拒绝改善污染的理由，以及不同利益行动者据以各自表述的争辩工具，而掌握论述权的一方，主导了科学知识的生产、诠释与解读，也影响了管制政策的走向。环境决策中所需的知识生产有多样、复杂与不确定等特性，广纳不同系统的知识进入决策场域，才有可能避免独尊科学的限制与专业信任的破灭。简凯伦律师也观察到，环评程序本身是标准的专家决策程序，但从实证研究可以发现，面对伴随开发而来的环境、健康风险，以及诸多的专业评价事项，专家决策所标榜的"专业""科技"或"理性"其实在庞大的开发与发展利益下，时常受到来自外在政治权力与经济因素的干涉，行政权的专业或科学背后代表的未必是真的中立或客观。[1] 即容易出现所谓的规制科学，即规制过程中的科学，是指为服务于政策问题而收集或者生产的科学信息，因其较强的政策导向性而区别于纯粹学术研究中的科学。科学研究的许多环节实际上需要研究人员作出评价和裁量；利益方所

---

〔1〕 简凯伦："论风险社会下的环评制度与法院——司法系统与社会脉络的相互建构"，台湾大学 2011 年硕士学位论文，第 111 页。

提供的相关研究往往受利益方资助，不难想象，研究中的评价和裁量为了得到或者接近某一预设的结论，就会有特定的方向性，服务于特定的目的。因此，在许多学者看来，规制过程中的科学，实际上不完全具有传统科学所提倡的中立性和客观性。[1]

当民众不再相信环评是专家基于专业，在不受干扰的状态下为社会作良知的判断，则环评基于专业的正当性便迅速流失。[2]肯尼迪（Kennedy）、卡什莫尔（Cashmore）等认为，欧盟的环评在概念上不把环评体系当成一种封闭式的、纯粹的应用科学，而视其为一种兼蓄科学与艺术性质的"市民科学"，一方面强调科学的精确性，另一方面也注意回应社会冲突性的需求，这种市民科学的实践，非常强调利益相关者乃至公众在环评过程中的实质参与。[3]科学的的确确可能被用来粉饰行政机关真正的意图，行政恣意、专断很有可能隐匿于行政机关运用科学知识的过程当中，而且形式隐秘，不易为人发现。行政机关完全可以将自身的非事实性判断或者考量"包裹"于科学证据中，或者有意夸大以及忽视科学上的争议和不确定，进而逃避公众的审视。[4]

总之，环境管理本身具有科技专业性，使得拥有科学知识的专家在环境决策中的确扮演重要角色。因此，"尊重专业"四个字在涉及科技专业性问题的环评决策过程中被频繁使用。面对越来越复杂的环境问题，一方面我们需要仰仗专家来作出专业的判断，如环评过程中，无论是建设单位或是建设项目附近居民（环保组织）皆需要运用专家和学者所提供的科学证据作为其主张的依据；但另一方面又对科学知识的局限及其产生过程抱有怀疑，如建设项目附近居民（环保组织）往往认为目前既有研究方法的

---

〔1〕 洪延青："藏匿于科学之后？规制、科学和同行评审间关系之初探"，载《中外法学》2012年第3期。

〔2〕 邱崇原："专业与民主：台湾环境影响评估制度的运作与调适"，载《公共行政学报》2010年第35期。

〔3〕 邱崇原："专业与民主：台湾环境影响评估制度的运作与调适"，载《公共行政学报》2010年第35期。

〔4〕 洪延青："藏匿于科学之后？规制、科学和同行评审间关系之初探"，载《中外法学》2012年第3期。

局限，对建设单位或环境行政机关有关科学知识的解释和使用有所质疑，强烈要求信息公开和民主参与。

（二）环境决策对风险沟通的需求

风险的不确定性与科学的社会性正动摇着过去"专家政治"治理理论的正当性。科学专业知识对于争议中的风险界定，不再对真相掌握唯一的诠释权，既有科学咨询机制对于专家挑选、框架讨论议题等分歧较大，过度依赖科学专业咨询，往往无法有效解决充满不确定性的风险争议。

在风险管制的面向上，贝克提出了"反思现代化"，主要构想是"民主的深化"，希望将原本被排除于风险决策之外的一般民众重新纳入。跨越以往简单的科学掌控，联结在地的经验，使原本实践上脱离经验的实验室科学重新步上正轨。不仅是在科学社群内部进行交流，将社会价值与伦理纳入考量，并重构科学的合法性。[1]由于科学自身的限制、风险问题的多元的利益、价值及认知，环境问题已不再是单纯科学技术问题所能处理。应加强环评的风险沟通，增加一般民众的信息公开，并将对话交流所得的意见与知识，整合运用在环境管理之上。专家决策程序面临来自风险沟通需求的挑战。传统上关于科学知识以及专家地位之假设为科学知识是"客观"的，专家咨询或决策之程序被认为仅限缩于"科学议题"是可能的，而且决策过程不会牵涉到科学家或专家之主观价值判断。现代从管制科学的社会建构性格来看，科学与专业不再被视为纯粹"客观"并具有"普遍性"效力，[2]尤其面对诸多科学争议性与不确定性问题时，学者纳尔金（Nelkin）更认为专家之审议过程并非单纯涉及科学问题层次，而可能是某种政治目的的追求，权力会介入操纵知识的选择，使得科学专业成为迎合政治与经济实力之需求。[3]环境决策中所需的知识生产有多样、复杂与不确定等特性，广纳不同系统的知识进入决策场域，才有可能避免独

---

〔1〕　［德］乌尔里希·贝克：《风险社会》，何博闻译，译林出版社2004年版，第34页。

〔2〕　简凯伦："论风险社会下的环评制度与法院——司法系统与社会脉络的相互建构"，台湾大学2011年硕士学位论文，第121页。

〔3〕　周桂田："独大的科学理性与隐没的社会理性之对话"，载《台湾社会研究季刊》2004年第56期。

尊科学的限制与专业信任的破灭。

我国环境抗争事件（群体性事件）时有发生，其主要原因是在行政决策过程中，忽视了风险沟通过程。双向的沟通过程往往变成单向的信息发布，信息反馈路径欠缺或者不重视反馈信息，并未赋予公众充分参与并进行风险沟通的空间。科学的本质是当代的、多变的，且内部也是多元竞争、不确定的，充满预设且混杂价值判断的，科学本身无法回答规范性的问题，而希望通过科学来回答规范性问题的法学也有同样的弱点。当这些风险决策争议进入法律体系，而由法律的语言主导之时，或许可以由整个风险决策的流程是否是一个合理的风险沟通的过程的角度来思考问题，甚至整个司法审查的过程都是风险沟通的一部分。有学者认为，面对充满技术语言的环境决策，法官确实会有不知如何审理的困扰；然而如果可以调整一下心态与司法的角色设定，从观察与调整风险决策过程中之权力互动与促进风险沟通的观点从事司法审查，会发现其实司法者在整个风险决策的过程中，扮演极为重要的角色。

第三节　参与理论下环评审批司法审查的建构

无论是依法行政理论或是专家理论，背后都有其重要的考量，均是行政权正当性的重要来源，但行政权的正当性来源如果仅仅局限于此两种，已经不能跟上时代的步伐和我国现实的需求。在依法行政理论、专家理论两种理论都无法提供行政权完整的正当性基础后，以程序为本位的参与理论应运而生。强调民主参与及程序理性是环评制度的核心价值，环评中行政权行使的正当性不仅来源于立法、行政专业，而且来源于民主参与及程序理性的实现。传统司法审查在无法确保环评制度价值实现时必须积极回应、进行变革，以促使环评预防环境污染、生态破坏制度价值的实现，发挥司法保护环境的功能。

一、参与理论的基本理念

如前所述，传统的风险评估与管理上往往强调实证性的科学证据，认为决策评估应秉承客观、中立的科学理性来确认事实，并排除非科学理性社会价值的干预。而这一传统思维典范已受到严厉挑战，对于风险或科学争议，包括风险感知、风险问题的界定以及风险评估范围，其实会涉及不同理性间的竞争，因此强调风险决策需要重视公民参与及风险沟通，使得整体风险治理决策能纳入开放性的社会基础，让其程序更能具备民主化、透明化与多元之正当性。〔1〕环评涉及高度的科技专业性、风险不确定性和价值判断争议，因此环评往往需要不同领域背景的专家和民众共同参与，以平衡科技理性与民众参与之间的不同需求。

美国的斯图尔特教授认为，现代行政法的目标在于如何通过各种有效的机制设置来平衡各种冲突价值和利益。基于此种认识，行政法的一些重要制度要进行相应的改革，如"解决行政程序问题的出路在于为有关利益方提供代表参与的机会；行政实体政策的核心是根据各种具体环境，在这些相关利益中进行公平的调节；司法审查旨在确保行政机关为利益代表提供公正程序参与机会并在这一过程中实现公正的协调。"〔2〕参与模式论者则认为行政决定关键都在价值的取舍，行政专业就此并无实质意义，在立法授权无法遏止的情形下，唯有设计出人民直接参与行政决定的程序规范，以民意作为各方利益代表参与的行政决定，赋予行政决定实质正当性。行政机关不再是唯一以单方高权而为正确决定的主体，而是透过机制，使相关行动者能够在一个网络内并且伴随充分的信息进行沟通，并形成共识。〔3〕其强调各种观点应经过一个公开讨论的程序或过程来获取共识，而此一公开讨论的过程本身即应是一个取得正当性的过程与原则而不是一个发现答案的程序而已。

诚然，环评涉及科学证据论辩与风险判断，其信息的提供以及数据验证解读常充满争议，专家主导科技决定论的意识形态，常成为一道公民跨

---

〔1〕 简凯伦："论风险社会下的环评制度与法院——司法系统与社会脉络的相互建构"，台湾大学2011年硕士学位论文，第107页。

〔2〕 ［美］理查德·B. 斯图尔特：《美国行政法的重构》，沈岿译，商务印书馆2011年版，第138页。

〔3〕 黄锦堂："行政法的发生与发展"，载翁岳生编：《行政法》（上册），中国法制出版社2009年版，第85页。

越不过的参与门槛。科学霸权与专家政治对于公共议题与政策讨论的垄断，造成公民意见的消音。但阿谢尔（Ascher）等认为，环境决策中少有系统且充分的知识，且知识的生产受制度、专业、价值以及社会脉络的影响，充满复杂性与不确定性，而在决策中占绝对优势的科学知识，如果被狭隘界定，反而成为风险。因此阿谢尔等提醒，任何与环境政策相关的知识生产，都无法摆脱专业、个人以及机关的偏见，相关知识也不可能完美与完整。了解这些局限，决策者应更加重视不同行动者所提供的多元的知识观点，以避免决策偏差，尤其应强化公众参与，广纳更加多元的社会与专业意见，检视不同论辩后面的价值体系与权力关系，增进公众与科学社群的建设性对话。[1]开发项目当地的居民是最重要的"专家群体"，因为公民的在地经验、地方的传统智慧可以为建设单位或政府提供独一无二的信息，从而作出对当地社区环境影响最小的决策，尽可能避免失误决策的产生。科尔平（Corburn）强调在地知识的有效性，认为掌握生活经验与地方性知识的当地居民，可以帮助专家了解研究对象的生活轨迹与方式，重新界定问题，改善专业知识论的缺陷；也可以增加程序民主、促进分配正义与决策效率。[2]因此，真正重要的是当地声音，因为那是生活经验的累积，当地居民的参与对于环评而言意义重大。对于建设项目所可能带来的复杂环境风险进行评估时，使利害关系人、公民团体及其他民众能够涉入决策过程，透过这种行政程序参与的制度设计，可使行政决定取得正当性基础，进而提升决策的合理性与正确性。

二、参与理论下环评审批的功能

环评审批涉及行政权行使的正当性，关于行政权正当性的理论有依法行政理论、专家理论及参与理论等不同学说，环评制度并无排除任何正当性理论之意，只要适度组合各种模式，即可处理多面向且复杂的环境

---

〔1〕 Ascher, William et al（2010），*Knowledge and Environmental Policy：Reimagining the Boundaries of Science and Politics*，Cambridge，MA：the MIT Press.

〔2〕 Corburn, Jason（2005），*Street Science：Community Knowledge and Environmental Health Justice*，Cambridge：The MIT Press.

议题。

　　法律指引并规制着人的行为，这种指引或规制有的是程序性的，有的是实体性的。由于拟议活动多种多样，其究竟会给环境带来何种影响、多大影响，只能基于现有知识（具体项目的大小及其环境背景）进行判断，法律难以对各种活动给予实体上的规范，主要通过对拟议活动开发人和有关行政机关等主体相关程序义务的规定，督促其实施环评，即有关环评的法律规定只能尽量从程序上保障行政机关得到足够充分的信息，保证行政机关不滥用自由裁量权。[1]环评制度是一种决策程序上的改良，它本身具有程序上的优先性、前置性，企图通过尽早评估，并将环境因素、人文价值妥善考虑、公平对待，同时通过信息公开、各方意见的讨论与协商等过程，以取得最佳的决策。我国《环境影响评价法》第 4 条规定："环境影响评价必须客观、公开、公正，综合考虑规划或者建设项目实施后对各种环境因素及其所构成的生态系统可能造成的影响，为决策提供科学依据。"于此也提出了对环评"为决策提供科学依据"的功能期待。

　　我国正处于经济高速发展阶段，经济理性在决策体制中处于独大地位，并排挤环境、生态价值的考量，在环评制度中，环评本身是标准的专家决策程序，但在实践中，专家决策所标榜的专业、科学其实在庞大的经济利益下，时常受到行政权的干涉，行政权的专业或科学背后代表的未必是真的中立或客观。因此，参与模式是拥有公民参与机制的环评法律重要的制度功能承载。现行立法对环评中的公众参与仅作粗疏规定，恰与环评因明显的"专业性"而被认为是"专家的事"这一流行观念不谋而合。然而，《环境影响评价法》是通过程序参与权利的赋予，保障当地居民、相关团体等非行政机关及建设单位的实体权利。因此，环评法律中的程序规定，具有正当法律程序的性质，兼具有保护实体与程序权利的意义，并非单纯的行政程序规定。拟开发项目对环境究竟会造成什么影响，人们只能根据现有知识来判断，但由于人类对自然认知的有限性，决策仍然具有风

---

　　[1]　汪劲：《中外环境影响评价制度比较研究——环境与开发决策的正当法律程序》，北京大学出版社 2006 年版，第 72 页。

险和不确定性。法律通过对拟开发单位和有关行政机关等主体相关义务的规定，督促其实施环评，并充分吸纳公众参与环评，听取公众意见，即环评法律设计尽可能正当的程序，尽量保证在这样的程序下能产生正当的结果。

在美国，公开、评论是贯彻其环评程序的一条红线。根据《联邦环境政策实施程序条例》的规定，对完成后的环评文件初稿任何公民均可通过"公开听证会"进行评论，公众可以质问环评的充分性等。环评文件从评价范围、初稿、修改方案、最终方案均被公开，让公众查阅和评论，这实际上是公民对环评文件的审查。而且公众或环保团体认为联邦机构未履行相关法律规定的义务，则可以通过法院来强迫行政机构遵守 NEPA 规定的程序义务。[1]

公众参与程序的落实与否是环评能否获得信任与成功的关键，甚至成为我国行政法律体系逐渐从实体规范发展至重视程序理性的必然性因素。风险社会催生了公众民主参与环境决策以及风险沟通的社会需求，这也成为《环境影响评价法》最重要的制度功能承载；但是立法的广泛授权使得行政权独大，其在科技理性、专业知识外衣包裹下追求经济发展和自身利益，并以此来扭曲与弱化《环境影响评价法》的此种功能，显然是难以被接受的。[2]为通过环评制度实现预防原则，不仅需要科学技术上的证据资料，亦须纳入利益权衡、风险估量取舍的政策决定。而面对绝对证据不可得、实质问题无从解之困局，程序规范便成了无可或缺的辅助机制。尽管未必能取代或解决实质决定的难题，至少可以提高决定的可接受度与事后检证、修复校正的可能性，借由程序理性的提升，平衡实体理性的不足。[3]

三、我国环评审批司法审查的重构

从我国经济发展优先的国情及环评以程序理性促进实体决策正确的功

---

[1] Steven Ferry, *Environmental Law*（影印本），中信出版社 2003 年版，第 68 页。

[2] 简凯伦："论风险社会下的环评制度与法院——司法系统与社会脉络的相互建构"，台湾大学 2011 年硕士学位论文，第 78 页。

[3] 李建良："永续发展与正当程序"，载《月旦法学杂志》2015 年第 240 期。

能观察，单纯以法律授权以及行政资源专业性的专家模式，并不能完全构成行政权正当性来源的充分基础。《环境影响评价法》主要通过为行政机关及建设单位设置遵守环评程序的义务，来实现环评制度的预防功能。其中，公众参与环评审批程序亦成为行政决策的正当性来源之一。因此，司法机关在环评领域的角色扮演及审查方式必须在参与模式理论指引下进行重构。

（一）环评审批司法审查中法院的角色转变

从风险社会的角度来看，欲建构完整的风险规范体系，必须有司法机关的把关。正如有学者所言：司法审查之监督机制，应可成为风险沟通的一环，调整整个风险决策过程中之权力互动，并于环境价值无以于正常政治运作获得适度考量时，适度弥补制度上的缺失；同时，调整民众在风险决策中之地位，回应公民社会之发展。例如美国民众（包含环保团体）积极提起环评诉讼，而且法院乐于扮演司法审查角色，使民众参与和司法审查成为联邦机关决策的重要外部压力。

1. 通过司法审查调整环评审批过程中的权力互动

在国家理论由警察国家、夜警国家到社会国家的发展历程上，近年来德国学界提出的环境国家成为继社会国家概念之后的另一种新国家类型。环境国家是指以环境保护为主要任务的国家，即在环境国家中将不再以国家发展功利主义为主轴，而以追求人类环境利益与未来世代利益，确保永续发展为终极目标。[1]因此，人类社会对自然环境需求的调和、人类生存空间保护的实现，国家负有责无旁贷的义务，即便环境问题涉及高度科技性、不确定性、利益多元，国家亦不能弃守。因此，环境行政行为常决策于未知且需要衡量广泛冲突的利益。而且，"环境国原则亦非仅是环境保护在实体上的要求，还有程序上的保障，特别是在立法及行政上程序立法之要求，此例如立法程序人民意见参与及行政程序上所创设环评、陈述意

---

〔1〕 李建良："环境议题的形成与国家任务的变迁——'环境国家'理念的初步研究"，载《宪法体制与法治行政——城仲模教授六秩华诞祝寿论文集》，三民书局 1998 年版，第 293～297页。

见及听证等程序"。[1]

　　行政、司法两大权力机关在分权制衡功能配置上各有其核心功能：行政维持国家任务的执行；司法则确保该任务的执行处于法律的框架下。即司法是解释法律的真正专家，所有经过合理立法过程的法律经过行政执行后，所作出的各类行政决定原则上皆应受到司法的审查。即在最初的规划上，司法应是享有该等任务是否被确实执行的最佳判断机关，也就是任务的最终决定权，系保留给司法为最后的决定。[2]在立法授予行政机关自由裁量权的领域，表面上看来，司法机关不能进入行政机关的裁量领域进行审查，行政机关的最终决定权与司法机关适用与解释法律的核心功能产生了冲突。其实，司法不能弃守行政机关享有自由裁量权的领域已成为各国理论及实务界的共识。环境立法与环境行政之间既合作又制衡的权力格局，第三权力——司法权，遂处于另一制衡国家权力的关键地位：站在人民福祉与永续发展的角度，司法不仅是基本权利保障之所系，亦是维护法治国家之所寄，于环境法制规范的落实，尤其然也。[3]为避免妨碍行政促进公益目的的实现，司法权应尽可能不侵犯行政权自由行使的领域。然而正如学者所言，随着法治国家的实现，司法权即使在此存有界限，亦只系其审查强度有所减低或审查范围有所缩减，而须自我抑制而已，并非意味着将某些领域完全排除在司法审查范围之外。[4]司法通过审查行政机关是否遵循正当行政程序，在控制行政行为的合法性与尊重行政机关的专业性之间实现平衡，保障民众基本权利的实现。在美国，环境法律的最终执行很大程度上依赖于法院。虽然有关环境事项的初步决定由国家或地方政府

---

　　[1]　陈慈阳："环境永续过程中之法制缺漏与新制度之建构为——以环境救济法典之建构为任务"，载《清华法治论衡》2012年第2期。

　　[2]　赵绍得："论行政法院对环境影响评估审查结论之司法审查密度"，中正大学2011年硕士学位论文，第64页。

　　[3]　李建良："永续发展与正当程序"，载《月旦法学杂志》2015年第240期。

　　[4]　刘宗德、彭凤至："行政诉讼制度"，载翁岳生编：《行政法》，中国法制出版社2009年版，第1389页。

机构做出，但法院拥有对这些决策是否符合法律要求作出裁判的权力。[1]

如上所述，法院对行政机关于环境领域中所为的决定之审查强度，涉及行政机关与法院的界限，虽然从传统权力分立的架构与功能分配来看，司法并非整个环评审批的最终决定与执行者。然而，通过司法审查对于法律规范的解释与适用，应当赋予司法更为积极的角色，调整环评审批决策过程中公权力机关、专家学者以及民众三方之间的互动关系，促使科学理性与社会理性展开交流。司法机关对规范的解释与审查标准，可以是与科学理性的对话，也促使决策者重新定位其于风险评估与风险沟通过程之角色与意义。通过建立良好的司法审查制度，促使环评中社会理性、科技理性及法律理性的融合。

2. 强化公众在环评中的地位

避免决策失误的途径是决策民主。民主化的决策能够兼听各种不同意见，权衡各种不同利益，以便作出最佳的决策。为了改进我国行政部门的决策，必须改革我国的环境影响评价制度，发挥它所特有的公开性和透明性，形成对行政决策有效而又有序的监督和制约，应当是当前我国环境法制建设的一项重要任务。[2]

目前公众参与环评，特别是通过鼓励公众提起诉讼来推动和发展环评，已经成为美国公众参与环境监督管理的重要途径。[3]司法机关通过规范审查，亦有助于强化公众有效参与环评。一方面向科学社群传达应重视公众权益的讯息；另一方面也向公众传达其具有参与决策过程的积极地位。当面对充满科技专业的环境决策，加上现阶段环评争议，在环保组织的推动下，有逐渐进入法院体系之中，在法院"另辟战场"的趋势。司法机关对于此一趋势，如果从观察与调整环评审批决策过程权力互动，以及促进利益权衡、沟通的角度，来进行司法审查，会发现其在整个环评审批

---

〔1〕［美］玛莎·S. 本森："环境案件起诉资格、公民诉讼和环境清理责任分摊"，载吕忠梅、［美］王立德主编：《环境公益诉讼——中美之比较》，法律出版社 2009 年版，第 144 页。

〔2〕王曦："论美国《国家环境政策法》对完善我国环境法制的启示"，载《现代法学》2009 年第 4 期。

〔3〕蔡守秋："论健全环境影响评价法律制度的几个问题"，载《环境污染与防治》2009 年第 12 期。

决策过程中，有举足轻重的地位。司法机关在进行审查时，除了科学理性的层面外，也应纳入整体公民社会发展所重视的价值。

而对于司法机关，正当程序原则作为司法审查标准，由于如何始能称为"正当"，系属不确定法律概念，于涉及不同事务领域时，解释方法及标准亦随之不同。司法机关适用正当程序作为审查标准时，须遵守权力分立原则的界限，判断程序是否正当、合理，应避免侵犯立法权。因为基本权的功能仅在要求程序正当、合理，而并非最适当、最佳的程序。

（二）环评审批司法审查重构之必要

立法模糊不仅使得行政机关以忠实执行法律为其正当性受到影响，而且司法审查的正当性亦受到质疑。在行政机关享有大量自由裁量权的环境行政领域，行政机关以遵循程序，纳入公众参与来补强其正当性，同理，法院在为无漏洞保护基本权审查行政机关自由裁量权行使是否合法时，亦主要考察行政机关是否遵循正当程序，即是否公开相关信息，是否让利益相关者参与程序，是否采纳合理的建议，作出决定时是否充分权衡了相关利益等。具体体现在以下几个方面：

1. 原告适格的反思

在立法至上与法律保留原则体系下，对行政权的控制主要通过实体规则（立法规范与立法授权），而非通过程序予以控制。行政权正当性的重要来源是立法机关（民意）的授权，即使有充分的程序参与亦不能取代，程序本身仅被认为具有辅助功能，学者认为"当事人陈述意见"的程序功能，主要在于三点：一是尊重与维护人性尊严，使人民避免沦为国家的客体；二是使当事人拥有辩明的机会以维护其权益；三是帮助厘清事实以提升行政决定的正确性等。但如果认为程序理性及公民参与是行政权正当性必要的基础来源，那么实务中法院界定司法审查原告资格的态度则值得反思。在环评审批过程中，公众尤其是建设项目所在地居民在环评程序中的参与及沟通，其意义不再仅是形式上的法定要求，而是整个环评行政决定是否具有正当性的必要条件。因此在环评领域，若将原告资格仍限缩在法律所保护的权利或利益上，会产生一个矛盾结果：当其参与环评并对环评决定有异议时，会因为与建设项目不具有法律所保护的权利或利益关系，而被排除于法院大门之外，造成即使行政机关在决策程序过程中出现违法或仅是走走过场的情形时，被赋予行政程序参与权的公众（当地居民）仍无法通过诉讼寻求救济。因为，程序规定的违反，须对行政行为内容产生影响，才能请求撤销有瑕疵的行政行为。此通说认为在对内容有所影响始得撤销，惟相反地行政行为的程序要求，反而是当代行政国家下，立法者及司法者真正可以控制行政专家的重要手段。[1]

2. 法院面对环评专业决定的态度

如何界定行政权的正当性来源，不仅直接牵涉到法院如何解释原告适格的问题，更关涉法院面对专业行政决定时，如何调整自身的审查态度与标准。当行政权基于立法授权以及自身拥有专业资源的权力特性已不再能成为正当性取得的充分基础来源，相应而来的也会彰显法院面对专业行政决定的审查态度的变化。亦即，对于专业行政决定，法院不应仅审查行政机关是否拥有来自立法的法律授权，也不应仅局限在该授权是否隐含有专业、专属授权的意旨，如属于专业授权，则基于行政机关的人才与资源专业性的理由而予以几乎完全的尊重。当行政权的正当性不再仅从立法、专业性获得，尚须从参与模式对于程序理性及公民参与的追求来证立其正当性时，法院应如何予以回应。

关于法院究竟只适合进行较为严格的程序审查还是可以进行较严格的实质审查，在各国（地区）及不同的历史发展阶段，给予的答案不同。就我国环评制度的运行情况来看，在环评文件的制作和批准过程中，有少部分存在着隐匿或扭曲有关建设项目信息及建设地周边环境信息的情形。在此情形下应适度通过司法的介入来纠正行政决定的错误、恣意。环境行政面向未来且具有科学不确定性，因此要求行政机关的许多决策必须是"根据自己的想法和意见作出"，即使是在不确定的情况下也要采取行动。因此，关键的问题在于行政机关是否通过正当行政程序和更大范围内的公众展开适当辩论，也即行政机关是否可通过引导实质性对话过程来找到解决问题的答案。因此，"司法审查应当把目标定位于确保不同团体都获得富

---

[1] 叶俊荣：《环境行政的正当法律程序》，三民书局1997年版，第196~198页。

有意义的参与机会，更重要的是确保最后的行政决策是商谈的产物"。[1]程序机制乍看之下，是个与实体权限分离的问题，似乎两者的关联性很低。然而，在现代的行政国家下，有时候程序的控制，其实是对于授予实体权限之后的一道安全阀、勒马绳。司法机关在尊重行政机关实体权限的同时，由上述机制及理论而寻得介入的着力点，避免行政权成为脱缰野马。环评制度是一种强制执行手段，通过要求行政机关遵守环评程序使其在决策过程中将环境价值纳入考量。在此意义上，环评制度改变了传统的、不科学的行政决策程序，有助于改善并促进行政决策的品质。有学者研究认为：美国并不以国会的立法与授权作为行政权唯一的正当性来源，除了对于国会议员的游说并立法之外，环境运动或其他利益团体仍在国会之外有许多着力点，比如信息公开、程序透明化与易于参与的行政决策程序，以及采取较宽松的原告资格，易于以司法诉讼作为环境运动策略的法院系统。即美国通过以程序参与为中心的不同利益间之冲突，并产生结果，来作为决策正当性的依据与来源，并以司法审判程序为正当之决策模型的理念，使程序要求成为节制行政权滥权的主要方式。

环评的立法目的，在于让环评作为一种沟通管道，保障公众的参与和在地知识的汇流，进而让环境价值和社会价值，能够走入专家政治的决策领域。为避免环评流于形式和纸上作业，法院自应发挥其作用，不能动辄以该事项涉及专业性、技术性而拒绝审查。面对着行政权正当性理论的变化，法院亦应对原告资格的赋予及审查强度进行反思，恰当回应行政权从参与模式对程序理性及公民参与的追求来证立其正当性。即在无实体规则（标准）可参考的情形下，司法审查应侧重于审查行政机关作出行政决定时是否遵循了正当行政程序，而这又反过来增强了司法审查的正当性存在。即司法审查在审查环境行政行为时，将重点放在程序，法院对于环境行政行为的审查，对程序行为的审查强度应该高于实体决定。法院在不侵犯行政固有领域、破坏权力分立制度的情形下，应维护《环境影响评价

---

[1] 成协中："风险社会中的决策科学与民主——以重大决策社会稳定风险评估为例的分析"，载《法学论坛》2013年第1期。

法》的价值，扩展环评审批司法审查的原告资格，重建环评审批司法审查的标准，以促使司法权能有效制约行政权，进而使环评制度能真正发挥其预防环境污染、生态破坏的功能，协调实现环境公共利益和个人利益的保护。

（三）环评审批司法审查重构之可能

在相关立法存有缺陷，而又有制约行政权社会需求的情形下，通过何种具体途径重构环评审批司法审查原告资格及审查标准问题变得十分重要。而这可以通过法院发展行政法及补强法院的专业知识予以实现。

1. 法院发展行政法

余凌云教授通过比对最高人民法院的司法解释、归纳《中华人民共和国最高人民法院公报》公布的行政案件、关注媒体公开的行政审判，发现法院在实质地发展行政法。[1]而这种"发展"其实类似于"法官造法"。例如在"田某诉北京科技大学案"中确认学校的被告资格；[2]在"溆浦县中医院诉溆浦县邮电局不履行法定职责案"中确认邮电局的被告资格；[3]在"宋某莉诉宿迁市建设局房屋拆迁补偿安置裁决案"中，在法律无明确规定的情况下，从正当程序理念推导出当事人应当具有申辩和陈述的权利。[4]此外，还有大量的最高人民法院的"答复""复函""批复""通知""意见""规定"等存在。[5]在很大程度上，"法官造法"与行政立法

---

[1] 余教授通过梳理，发现三种情况：第一，在法律规定的框架内，对于在法律适用上需要进一步明确的实践情形及其相应处理作出解释，属于严格的司法解释范畴；第二，在法律规定的框架之外，另外对本应是由立法或者立法解释来完成的情形作出司法上的规定，属于实质上的立法行为；第三，介于上述两者之间的从宽解释，这部分比较含糊和暧昧，容易引起争议，有人认为是实质性立法活动，也有人认为是扩大解释。参见余凌云："法院如何发展行政法"，载《中国社会科学》2008年第1期。

[2] 《中华人民共和国最高人民法院公报》1999年第4期。

[3] 《中华人民共和国最高人民法院公报》2000年第1期。

[4] 《中华人民共和国最高人民法院公报》2004年第8期。

[5] 余凌云教授收集了最高人民法院自1990年以来所有的"电话答复""复函""答复""批复""通知""解释""规定""意见"，总计170余个。通过阅读、分析，发现有如下特征：(1)以"电话答复""复函""答复""批复"和"通知"等名目出现的解释，简短精练，基本上都比较循规蹈矩、不越雷池一步。(2)以条款、甚至章节形式出现的"规定""解释""意见"，从形式上看，类似立法，在内容上，也有创制规则的可能。余凌云："法院如何发展行政法"，载《中国社会科学》2008年第1期。

一样，都有着类似的社会强烈需求。这是"由于行政纠纷纷繁复杂、层出不穷，而立法机关的预测能力、专业知识又是有限的，法院必须及时恰当地解决各种行政纠纷，"法官造法"是必然的选择，法院应该享有适度的立法功能"。[1]正如法国经验所表明，在行政主导的社会中，完全寄希望于立法约束无处不在、无比强大的行政权的理想注定会失败。因此，承认法院拥有适度造法功能是必然选择。[2]随着时代进步与国家任务的复杂化，立法机关开始需要具有弹性的法律概念以实践多元的国家计划，然而要求立法者作出完全的预测和周延的立法不仅过分，而且几乎不可能。因此，许多模糊法律规定的执行必须依靠行政与司法来实践与监督，最终予以明确。

因此，对于原告资格的扩展，尤其是对于建设项目当地居民范围的确认，以及审查标准的变革及普遍确立，一方面可以在地方发展个案，而后通过由《中华人民共和国最高人民法院公报》所收纳，对相关制度创新进行认可，并指导地方各级人民法院的审判工作。而在法院系统内的类行政化的运作以及上诉制度的存在等因素的影响下，《中华人民共和国最高人民法院公报》对各级法院的行政审判工作的作用不容小觑。因此，通过《中华人民共和国最高人民法院公报》转载的创新性案件，必然会产生制度性效应。另一方面，最高人民法院可以通过"答复""复函""批复""通知""意见""规定"等形式，对环评审批司法审查的原告资格及审查标准进行制度创新。而且这恰恰没有突破余凌云教授通过实证分析后得出的"法官造法"的边界，即"在行政审判实践中，中国法院的造法活动主要局限在法院审判规则、救济手段以及程序审查方面。因此是谨慎、健康、有益的，没有实质上突破宪法秩序下的法院角色与功能"。[3]

2. 司法机关环评专业知识可以补强

法官是法律适用的专家，未经过其他专业的培训，当涉及不同领域的专业知识时，难以如数家珍般熟知，但是法官仍能善用各种资源，了解自己所欠缺的专业知识领域内的事实，进而适用正确的法律，而各种可利用

〔1〕 余凌云："法院如何发展行政法"，载《中国社会科学》2008 年第 1 期。
〔2〕 余凌云："法院如何发展行政法"，载《中国社会科学》2008 年第 1 期。
〔3〕 余凌云："法院如何发展行政法"，载《中国社会科学》2008 年第 1 期。

的资源包括专家证人制度、专家陪审制度与专业鉴定制度，而这一方法正在知识产权审判中发挥重要作用。[1]

（1）专家证人制度。学界和实务界将专家证人制度界定为："由一方当事人委托具有相应专业知识和实践经验的专家就某些专门性问题在法庭上运用专业知识发表意见作出推论或结论的一项法律活动。"[2]一般来说，"当事人是最接近案件事实的人，他们对案件的了解可能比其他诉讼参加人更深入。法院应允许其聘请专家证人。特别是当法官已经开示了对方当事人（行政机关）有利的专家证据的情况下，应当允许当事人提出与之不同的专家证据"。[3]同时，在庭审中，对于专家证据应要求证人必须出庭。所谓专家证据，即专家证人结论，是指专家证人的主观意见与分析，而且涉及的是专业知识。专家证人结论是否能够客观地反映案件事实的真实状态，专家证人所采用的方法是否科学，专家证据是否有理论与科学依据，都必须通过专家证人出庭作证才能得出结论，专家证据的证明力，不是仅凭书面审查就可以得到准确判断的。专家证人必须出庭接受当事人对专家证据的诘问。专家证人可以向对方的专家证人、行政机关等进行诘问。当事人对专家证人的陈述有不同意见的，应当允许其诘问并提出相反意见。[4]

（2）专家陪审制度。人民参与审判是民主法治国家的基本要求。例如，日本实施的"裁判员制度"，由六位平民裁判员与三位法官讨论后，判断被告有罪/无罪；如果有罪，再决定处以何种刑罚。假设讨论无法达

---

〔1〕 最高人民法院于2007年印发了补强法官专业知识的通知："注重发挥人民陪审员、专家证人、专家咨询、技术鉴定在解决知识产权审判专业技术事实认定难题中的作用。注意把具有专业技术特长和一定法律知识、普遍公认的专家，通过所在城市的基层法院推荐、提请任命为人民陪审员；支持当事人聘请具有专门知识的人员作为诉讼辅助人员出庭就案件的专门性问题进行说明，不受举证时限的限制；复杂、疑难知识产权案件，可以向相关领域的技术和法律专家咨询；对于采取其他方式仍难以作出认定的专业技术事实问题，可以委托进行技术鉴定。"参见《最高人民法院关于全面加强知识产权审判工作为建设创新型国家提供司法保障的意见》第15条，载 http://www.lawtime.cn/info/zscq/sfjs/2011032067945.html，访问日期：2014年5月3日。

〔2〕 赵小刚："建立专家证人制度势在必行"，载《检察日报》2007年2月27日。

〔3〕 沈潇雨："我国司法鉴定机构的准入制度研究"，华东政法大学2013年硕士学位论文。

〔4〕 赵艳："专家证人制度"，载 http://www.law-lib.com/lw/lw_view.asp? no=4822，访问日期：2014年4月8日。

到一致，则实行多数决。在我国，全国人大常委会于 2004 年 8 月 28 日通过了《关于完善人民陪审员制度的决定》（已失效），使得人民陪审员制度正式走到了舞台的聚光灯下。与美国、德国等国陪审员的资格大抵类似于选民资格不同，我国人民陪审员并非平民性而是精英性的。[1]根据规定，人民陪审员拥有对事实认定、法律适用的独立表决权以及合议庭评议案件时的"少数服从多数原则"，使得人民陪审员拥有与法官相类似的审判权。尽管人民陪审员制度存在缺陷招致了诸多批评，[2]但其在保障公民依法参加审判活动，促进司法公正方面依然功不可没。对于涉及科学技术的环评审批案件，法院应当聘请具有专业知识的人员作为人民陪审员参与案件的审理，由具有专门知识的人员充当陪审员可以弥补法官专业知识的不足，有利于正确认定事实，公正审理案件。

在我国，理论界和实务界的共识是，"要建立专家型兼职人民陪审员制度，根据某些专业性很强的案件审理需要，特邀专家、学者担任兼职人民陪审员"。[3]比如 2005 年成都市中级人民法院 20 名"专家陪审员"参审知识产权案。[4] 2012 年南京市中级人民法院成立环境保护合议庭，由于环境保护案件往往专业性较强，该庭将邀请具有丰富环境保护实践经验的专家作为陪审员参加庭审，保障审判公正性。[5]实践表明，"专家型的

---

[1] 《关于完善人民陪审员制度的决定》（已失效）第 4 条规定，"担任人民陪审员，一般应当具有大学专科以上文化程度"；第 15 条规定，"基层人民法院会同同级人民政府司法行政机关对人民陪审员进行培训，提高人民陪审员的素质。"

[2] 如吴丹红认为，我国现行的人民陪审员制度，无论是在资格选任、权力分配上，还是价值追求上，其实都已经完全脱离了传统的陪审制度，演变成一个徒有虚名的摆设。参见吴丹红："中国式陪审制度的省察——以《关于完善人民陪审员制度的决定》为研究对象"，载《法商研究》2007 年第 3 期。

[3] 肖扬："全面推进人民法院的各项工作 为改革、发展、稳定提供有力的司法保障——在全国高级人民法院院长会议上的讲话"，载《中华人民共和国最高人民法院公报》1999 年第 1 期。

[4] 载 http://news.sina.com.cn/c/2005-05-11/00185851337s.shtml，访问日期：2014 年 6 月 16 日。

[5] 载 http://www.chinanews.com/fz/2012/06-01/3932539.shtml，访问日期：2014 年 6 月 16 日。

陪审员"对案件审判质量的提高意义非同小可。[1]

（3）专业鉴定制度。近年来，法院嘱托鉴定人进行鉴定的范围已有扩大的趋势。专业鉴定与专家证人本质上并无不同，都是由专业领域专家，提供专业意见，以协助法官正确判断事实，但前者由法院委托鉴定，后者由当事人委托作证。利用专业鉴定辅助法官在环评专业案件中认定事实，能避免行政机关滥用专业知识作出决定，缩减其裁量权适用的范围。

司法机关对于行政机关在环评专业领域内的自由裁量予以完全尊重，是因为司法机关对于某些专业领域内的专业性比不上行政机关，而司法机关如通过专家证人、专业鉴定及专家参与审判等制度补强其专业性，则行政机关的裁量空间自会缩小。

第四节　小　结

依法行政理论及越权原则理论阐述了行政权的正当性基础，亦为司法审查的存在提供了正当性——法院对行政权的监督恰是为了贯彻立法机关的旨意，同时法院也找到了审查标准——保障立法所确立的界限不被行政机关所突破，但基于现代行政事务日益专业化、技术化，尤其是环境管理具有高度科技专业性及迅速变化的特征，立法者往往无法预先在法律中详细规定，因此在环评法律中规定许多不确定法律概念，赋予行政机关较大的自由裁量权。即相比于立法机关，行政机关更具备环评审批的相关专业与知识，行政机关所拥有的此种专业性优势便成为行政权的正当性依据，即专家理论成了行政权正当性理论。而在环评实践中，专家决策所标榜的"专业""科技"或"理性"其实在庞大的开发与发展利益下，时常受到来自外在政治权力与经济因素的干涉，行政权的专业或科学背后代表的未必是真的中立或客观。行政机关完全可以将自身的非事实性判断或者考量，"包裹"于科学证据中，或者有意夸大以及忽视科学上的争议和不确定，

---

〔1〕　载 http://www.legaldaily.com.cn/index/content/2013-10/23/content_ 4956647.htm，访问日期：2014年6月16日。

进而逃避公众的审视。随着民众环境意识的高涨，其已从专家权威中解放出来，不断质疑科学或专业的客观性、中立性。当民众不再相信环评审批是行政机关的专家基于专业知识，在不受干扰的状态下客观判断与决策，则环评审批基于专业的正当性便迅速流失。

无论是依法行政理论或是专家理论，背后都有其重要的考量，均是行政权正当性的重要来源，但行政权的正当性来源如果仅仅局限于此两种，已经不能跟上时代的步伐和我国现实的需求。在依法行政理论、专家理论两种理论都无法提供行政权完整的正当性基础后，以程序为本位的参与理论应运而生。强调民主参与及程序理性恰是环评制度的核心价值，环评中行政权行使的正当性不仅来源于立法、行政专业，而且来源于民主参与及程序理性的实现。传统司法审查在无法确保环评制度价值实现时必须积极回应、进行变革，以促使环评预防环境污染、生态破坏制度价值的实现，发挥司法保护环境的功能。

为避免环评流于形式和纸上作业，法院应发挥其作用，不能动辄以该事项涉及专业性、技术性而拒绝审查。法院应从扩展原告资格的范围、变革司法审查的标准以及正确解释环评审批违法的法律后果三个方面进行反思，恰当回应行政权从参与模式对程序理性及公民参与的追求来证立其正当性。而这些可以通过修改《环境影响评价法》以完善相关立法，也可以通过法院在个案中发展行政法以及利用专家证人制度、专家陪审制度与专业鉴定制度补强法院的环评审批专业知识，来获得实现。

第四章

环评审批司法审查的原告资格

古罗马法谚道："没有原告就没有法官"，说明原告启动了诉讼程序，其在诉讼中具有重要地位。但古往今来，何为原告适格，众说纷纭，莫衷一是。[1]尽管各种有关原告资格的界定不尽相同，但其实质均是谁有权或有资格向法院提起诉讼。

第一节　环境法中的原告资格

环境法中原告资格的确立与发展与原告资格的目的及理念密切相关，因此，明了原告资格的目的与理念对于理解环境法中的原告资格大有助益。

一、原告资格的目的及理念

（一）确立原告资格的直接目的

任何权利都有其行使的边界，对环评审批司法审查的原告诉权进行限制，设置其边界是必要的，可以将没有必要予以司法救济的案件过滤掉以节省司法资源，提高诉讼效率。一个社会的司法资源总是有限的，不可能满足所有诉讼要求，而只能用于那些最应当被优先考虑的案件，以达到司

---

〔1〕　如《布莱克法律大辞典》将诉讼资格界定为："指某人在司法争端中所享有的将该司法争端诉诸司法程序的足够利益，其内涵是确定司法争端对起诉人的影响是否充分，从而使起诉人成为本案的正当原告。"参见肖谋用："行政诉讼原告资格研究"，中国政法大学 2006 年硕士学位论文。凯尔森将资格界定为法律能力，也即"当规范将某个人的行为当作法律条件或法律后果时，意思是只有这个人才有'能力'作或不作这一行为；只有他才有'资格'。只有当这个有能力的和有资格的人作或不作时，才发生根据规范来说成为法律条件或法律后果的行为或不行为"。参见〔奥〕凯尔森：《法与国家的一般理论》，沈宗灵译，中国大百科全书出版社 1996 年版，第 101 页。

法资源使用的最优效益。[1]诉讼上要求限制原告资格,"有利于防止法院被洪水般涌入的案件所淹没;有利于防止将法院的宝贵时间浪费在微不足道的诉求上;有利于防止'好管闲事、性格乖戾和其他好搬弄是非之徒'滥诉"。[2]我国自20世纪80年代以来发生了大量的滥诉案件,且有愈演愈烈的趋势,诉权滥用现已达到惊人的程度。[3]因此,必须筛选出适格原告。用唐纳森勋爵的话说,"公共利益通常要求,如果行使司法审查管辖权,就应十分迅速地行使;同时,由于受有限司法资源的限制,这就必然涉及限制须经申请许可的案件数量"。[4]即初步的筛选可以抑制毫无理由的申请,以最少的资源消耗应对纠纷解决。因此,确立原告资格的直接目的便是,确保法院有足够的精力履行其在分权制衡结构中的职能,让不属于法院管辖的案件不能进入法院。

(二) 分权制衡是原告资格的基本理念

从原告资格的功能角度考察,各区域几乎大同小异,"原告资格的确立是为了避免浪费司法资源、避免诉讼洪水、减轻法院负担以及'限制法院过度介入民事纷争或过度干预行政权'等"。[5]功能背后承载着原告资格的"唯一基本理念"——分权制衡,确立原告资格是为了避免法院被人随意驱遣,可以干涉的问题无所不包,破坏分权制衡理论。"原告资格与权力制衡间的关联"并非一个新问题,美国早在1922年的Frottingham v. Mellon案中就此问题进行了阐述。[6]而对于这一问题的不断精确解答则归功于安东尼·斯卡利亚(Antonin Scalia),他系统阐述了"原告资格是分权的一个要素"这一理论,并利用自己美国最高法院法官的身份,在Lujan

---

〔1〕 喜子:"反思与重构:完善行政诉讼受案范围的诉权视角",载《中国法学》2004年第1期。

〔2〕 [荷]汤姆·兹瓦:"从分权角度对诉讼资格制度的比较研究",余凌云、朗小凤译,载《公法研究》2004年第0期。

〔3〕 郭卫华:"滥用诉权之侵权责任",载《法学研究》1998年第6期。

〔4〕 转引自[英]卡罗尔·哈洛、理查德·罗林斯:《法律与行政》(下卷),杨伟东等译,商务印书馆2004年版,第977页。

〔5〕 翁岳生编:《行政法》(下册),中国法制出版社2009年版,第1376页。

〔6〕 262 US 447(1923).

v. Defender of Wildlife 这一经典案例中使该理论的发展达到了巅峰。[1]主笔的斯卡利亚大法官将其有关权力分立与适格性关系的见解完整地适用在这一判决中："首先说明适格性是源于宪法第三条有关法院处理'案件与纷争'的规定，而宪法上对于适格性的最低要求包含下列三个部分：事实上的损害，损害必须是具体特别且真实急迫，而不是推测或虚拟的；必须证实损害是被告而非第三人的行为所造成；应阐明如果胜诉，其所受损害可以恢复或弥补。"

正因为原告资格是为了维护分权制衡原则，所以，传统理论认为应采取严格的原告资格，如果降低原告资格门槛则会对分权制衡原则造成严重的威胁。威胁来自如下两个方面：一是降低原告资格门槛使法院变成了政治论坛。在斯卡利亚法官看来，原告资格理论可以防止法院越俎代庖，去处理本应由政治性机构负责处理的事务，"法院的职责是为个人或集体诉讼中已经或即将遭受实际损害的原告提供救济；协调政府结构，使之按照符合宪法和法律的方式运行，不是法院，而是政治性机构的职责之所在"。[2]二是降低原告资格门槛可能会危害行政机关执法职责的履行。如果法律随意授权私人起诉行政机关，要求其执行对第三方不利的法律，那么司法机关在分权制衡制度中的作用则会急剧膨胀，相对应的是，行政机关在分权制衡制度中则日渐萎缩。正如斯卡利亚大法官在 Federal Election Commission v. Akins 一案判决中的陈述："允许绝大多数国民向法院提起诉讼，以迫使行政机关遵守法律的制度，实质上是一种将'确保法律能够得到忠实地执行'这一重要职责交由法院，而不是总统履行的制度。"[3]

尽管从某一角度观察，减少获取原告资格的障碍会冲击权力分立原则，但换个角度观察，可能对分权产生积极的影响。司法是防止行政权超越法定权力界限的最后一道防线。司法审查除了具有保护公民权益、救济

---

〔1〕〔荷〕汤姆·兹瓦："从分权角度对诉讼资格制度的比较研究"，余凌云、朗小凤译，载《公法研究》2004 年第 0 期。

〔2〕 Lewis v Casey 518 US 343（1996）at 349,〔荷〕汤姆·兹瓦："从分权角度对诉讼资格制度的比较研究"，余凌云、朗小凤译，载《公法研究》2004 年第 0 期。

〔3〕 524 US 11（1998）at 36.〔荷〕汤姆·兹瓦："从分权角度对诉讼资格制度的比较研究"，余凌云、朗小凤译，载《公法研究》2004 年第 0 期。

受害人外，另有一个重要目的就是确保行政机关如何依法行政。"因为越权行使国家权力的国家机关可能会侵入为其他权力部门保留的权力领域，所以司法审查就成为维护分权的一个重要手段。就此而言，对越权行为进行司法审查的机会越大，达到目的的可能性就越大。"[1]而法院不能主动寻找案件，采取"不告不理"，必须等待适格原告的启动。因此，降低原告资格的门槛，权力分立原则能得到更好地维护。一个不争的事实便是，各国原告资格正在不断扩展，诉讼资格的门槛正在不同程度的降低。

二、原告资格在环境法领域的发展

(一) 原告资格与"保护规范理论"

权利，通常指享受特定利益的法律之力，历为私法领域的重心，然亦存于公法领域。以公法为基础，享有特定利益的法律之力，即可成为"公权利"。所谓"公权利"是指人民基于公法（行政法）的规定，享有一定法律上之力，得以向国家请求一定作为、不作为或容忍，以实现个人的利益。在私益诉讼模式下，大陆法系国家中，司法审查的原告是否适格依据保护规范理论进行判断，判断的具体标准包含：一是具有事实上的损害；二是其主张受损之利益，须推论为在法律保护之范围内。司法审查是落实公权利保障的重要机制，人民权益遭受侵害时，可请求法院公平审判，以获得及时有效的救济，即所谓"有权利，必有救济"。然公权利的存在确又构成行政诉讼的前提条件，即所谓"有权利，斯有救济"。公权利既依赖行政诉讼制度予以落实，同时又构成提起行政诉讼的门槛要件。在德国请求法院进行权利保护的前提条件是：个人的主观公权利受到侵害，亦即是一种个人权利防卫型的司法救济。而与另外一种司法救济模式——客观法律秩序的控制，成为相互对立的不同模式。然公法相对于私法而言较少直接规定人民公权利，加上行政的公益特质与行政法的公益规范取向，致使公权利隐晦难辨。为克服此一难题，学理与实务上乃发展并运用所谓

---

〔1〕 [荷] 汤姆·兹瓦："从分权角度对诉讼资格制度的比较研究"，余凌云、朗小凤译，载《公法研究》2004年第0期。

"保护规范理论",来探求"权利或法律上之利益"的存否,并据以判断原告诉讼资格之有无。"保护规范理论"的产生,肇始于对公法上权利与反射利益的区别,其内涵是:有权利即有救济,人民提起行政诉讼,仅以国家行为的客观违法性为由并不充分,还必须主张其公法上权利确实受到侵害,如果只是单纯涉及公共利益,或仅仅是反射利益,并不能享有诉讼权能。

(二) 原告资格的扩展

由于传统的行政诉讼因仅在人民权利或法律上利益遭受行政机关的作为(不作为)侵害时,方可提起行政诉讼以维护其权益,在法律概念尚未对环境权予以明文承认,过去往往认为环境行政的运作是为了公共利益,并非以个体居民的权益保护为直接目的,居民因环境行政所受的利益仅是反射利益,因此法院并不受理此类案件。自第二次世界大战以来,可诉行政行为不断拓展,不少国家确立了行政行为可诉的推定,这意味着除少数例外,所有的行政行为皆须接受司法监督,不能进行行政诉讼的行政行为寥寥无几。与此同时,原告资格的限制被大幅减少,有权对行政行为提起诉讼者的范围同样被大幅度拓宽,法院不但接受与行政行为有利害关联的公民、组织对某一行政行为的异议,甚至认定某人或某个组织对某一问题的关注也可构成足够的利益,允许其对相关行政行为提起诉讼,对起诉者的限制越来越少。[1]就世界各国来看,为缓解环境危机,行政诉讼的原告资格在环境法领域正悄悄地发生着变化。

第一,适格原告的损害不仅包括人身损害、财产损害,而且还包括环境美及生态平衡利益等一些难以以经济价值来衡量的非经济损害。在美国Sierra Club v. Morton[2]经典案例中,美国联邦最高法院确立了环境美及生态平衡利益等非经济价值的威胁和损害标准。即所谓的"实际损害并不局

---

〔1〕 杨伟东:《行政行为司法审查强度研究——行政审批权纵向范围分析》,中国人民大学出版社 2003 年版,第 192~193 页。

〔2〕 Sierra Club v. Morton, Secretary of the Interior, et ai. 405U. S. 727,转引自汪劲等编译:《环境正义:丧钟为谁而鸣——美国联邦法院环境诉讼法经典判例选》,北京大学出版社 2006 年版,第 49 页。

限于经济利益的损害，对美学、娱乐和环境价值等环境舒适上的非经济价值的威胁和损害也同样构成了实际损害，也符合诉讼资格的要求"。此案强调了"审美和优美的环境如同优裕的经济生活一样，是我们社会生活质量的重要组成成分，许多人而不是少数人享受特定环境利益的事实并不降低通过司法程序实施法律保护的必要性"。〔1〕美国最高法院在环境行政诉讼中对原告资格采取一种比较自由的观点。也就是说，在环境诉讼中，要求原告确定，在他所指控的政府的违法行政行为与他所享用的环境的某些组成部分所遭受的损害之间存在因果关系。这种损害不必是物质损害和任何经济损失，仅是美学上的损害即可。原告为了获得诉讼资格，仅需证明存在着以下一种"实际上的可能性"，即如果法院对政府机关所从事的违法行政行为加以司法补救，则会减轻原告所蒙受的环境损害。在采用这种审查方式时，法院已经愿意，至少是在环境诉讼中愿意放松对因果关系紧密性的要求。〔2〕在我国"南京市紫金山观景台规划许可案"中，最终虽未通过法律程序解决，但其首次在我国提出能否单纯以环境利益的侵害为由，对破坏环境的违法行政行为行使起诉权。如今，许多具有公益性质的非经济利益保护成为行政诉讼法不容回避的问题。

第二，适格原告的权益从个人权益扩展到公共利益。现代社会，虽然政府是公共利益的代表，但其能否忠实守护公共利益（尤其是环境公共利益）值得质疑。布坎南作为公共选择学派的代表人物察觉到，认为经过选举产生的政府及其官员是公共利益的忠实代表其实是人们的一种错觉，是与现实相去甚远的理想。〔3〕各国环境危机的不断加剧也显示，政府环境管制效力欠缺，其公共利益代言人的角色可能滥用，必须加以监督，尤其是通过司法进行监督。而在传统的原告资格理论下，无人可起诉。因此，各国在环境法领域，不同程度地放宽了原告资格，赋予特定的主体（主要是

〔1〕 王明远："论环境行政诉讼与环境侵害的排除"，载《环境导报》2001年第1、2期。
〔2〕 汪劲等编译：《环境正义：丧钟为谁而鸣——美国联邦法院环境诉讼法经典判例选》，北京大学出版社2006年版，第51页。
〔3〕 ［美］詹姆斯·M.布坎南、戈登·塔洛克：《同意的计算——立宪民主的逻辑基础》，陈光金译，中国社会科学出版社2000年版，第51~134页。

符合一定条件的环保组织）对环境行政违法行为起诉的原告资格。我国《民事诉讼法》（2012 年修订）第 55 条确定了对污染环境、侵害众多消费者合法权益等损害社会公共利益的行为，法律规定的机关和有关组织具有诉讼资格；该法在 2017 年再次修订，增加一款作为第 55 条的第 2 款，确立了人民检察院在履行职责中发现破坏生态环境和资源保护、食品药品安全领域侵害众多消费者合法权益等损害社会公共利益的行为时的起诉资格。我国《行政诉讼法》于 2017 年修订，增加一款作为第 25 条第 4 款，确立了人民检察院在履行职责中发现生态环境和资源保护、食品药品安全、国有财产保护、国有土地使用权出让等领域负有监督管理职责的行政机关违法行使职权或者不作为，致使国家利益或者社会公共利益受到侵害的，先向行政机关提出检察建议，以及行政机关仍不依法履行职责时的起诉资格。此外，2014 年修改后的《环境保护法》第 58 条的有关原告的规定亦是环境基本法对原告资格的扩展，[1] 即适格原告的权益从个人权益扩展到公共利益的已获得立法确认。

第二节　环评审批司法审查原告资格的比较法考察

一、美国环评司法审查的原告资格

（一）原告资格的发展历程

在美国联邦或州法院进行诉讼活动，也必须先确立原告资格。从美国的立法与司法实践来看，其确认原告资格的法律渊源有三：宪法、成文法和判例。宪法规定，法院只能对构成"案件"和"争端"的问题行使司法权。[2] 此规定亦被解释为法院不受理假设诉讼或解惑请求诉讼，而且也不

---

〔1〕　参见《环境保护法》第 58 条："对污染环境、破坏生态，损害社会公共利益的行为，符合下列条件的社会组织可以向人民法院提起诉讼：（一）依法在设区的市级以上人民政府民政部门登记；（二）专门从事环境保护公益活动连续五年以上且无违法记录。符合前款规定的社会组织向人民法院提起诉讼，人民法院应当依法受理。……"

〔2〕　参见美国《联邦宪法》第 3 条第 2 款规定："司法权包括在本宪法、美国法律和美国现在及将来缔结的条约下发生的法律案件和平衡法的案件……以及美国为一方当事人的、两个或更多的州之间的……以及不同州公民之间的……争端。"

提供咨询意见，除非存在真实的争议，否则当事人不能寻求司法救济。国会也可以在成文法中规定原告资格，只要不违反宪法，国会有关原告资格的规定，法院必须遵守。1946年的《行政程序法》中对原告资格作出普遍性规定。[1]由于此法有关原告资格的规定非常抽象，所以，美国关于原告资格的法律主要由判例产生，这就决定了美国原告资格变迁迅速、流动性大的特点，但原告资格法律变迁的重大阶段亦界限分明。[2]1940年以前，美国法院判例对行政诉讼采用了民事诉讼中的原告资格规则。这是行政职务还不太发达时期传统的起诉资格标准。在此时期，当事人只有在权利受到侵害时才有原告资格，否则不能向法院提起行政诉讼。但当代公共行政的发展证明，如果仅将行政法上的原告资格适用民事诉讼中有关原告资格的规则，势必导致大量近代行政活动被排除在法院控制范围之外。

在20世纪40年代时美国的原告资格通过司法判决产生了变革：一是确立了实际损害标准。即受害人只要受到实际损害，不论其权利是否损害，都可以依法享有起诉资格；二是间接受害者（如行政管理间接相对人的竞争者、消费者等）也享有原告资格，而不限于行政管理直接相对人；[3]三是逐步确立了私人检察总长理论。法院认为，"国会为了保护公共利益，可以授权检察总长或其他当事人对行政机关的行为申请司法审查。后者就是国会指定一个私人检察官并授予其起诉资格以保护公共利益。"[4]正如叶俊荣教授所指出："最初法院拘泥于所谓'法律上的权利'原则，除非原告能积极证明其法律上保障的权利或正遭侵害，否则欠缺原告适格。随后，法院面对有关公益的争执日益增加，乃将'法律上的权利'软化至'实际上的损害'，不以法律上保障的权利受侵害为要件"。[5]美国在

---

〔1〕 美国《行政程序法》第702条规定："因行政机关行为致使其法定权利受到侵害的人，或者受到有关法律规定内的行政机关行为不利影响或损害的人，均有权诉诸司法审查。"

〔2〕 王名扬：《美国行政法》（下册），中国法制出版社2005年版，第613～620页。

〔3〕 汪劲等编译：《环境正义：丧钟为谁而鸣——美国联邦法院环境诉讼经典判例选》，北京大学出版社2006年版，第49页。

〔4〕 罗瑞红："公益行政诉讼若干问题初探"，中国政法大学2003年硕士学位论文。

〔5〕 叶俊荣：《环境政策与法律》，中国政法大学出版社2003年版，第224页。

Frothingham v. Mellon〔1〕案中，原告以需缴纳联邦税而受有损害，要求法院审查联邦税收计划。最高法院否认了 Frothingham 的原告资格，指出其他几百万人也受到与之相同的损害。因此，原告的损害是"如此微小且不确定"。法院同时指出，要请求对联邦法律进行审查，原告必须证明"由于法律的实施，原告遭受了直接损害，而不是与更多的人一起遭受了某种不确定的损害"。该案作为先例成为纳税人对国会的开支立法提起合宪性审查的绝对障碍，直到 Flast v. Cohen〔2〕案，美国最高法院才改变了这一立场，适格原告不再局限于对自己的损害进行诉讼。

（二）环评司法审查的原告资格

在环评领域，美国 NEPA 虽要求联邦机关在进行开发活动前，应准备详细的报告书，但此种程序义务并未有相应的执行与监督机制。例如各联邦机关在开发活动提案时应制作环境影响报告书却未制作时，除了联邦机关的自我监督外，环境质量委员会并无监督其他联邦机关进行环评的权利，因此法院的外部监督显得特别重要。但基于司法权的被动本质，法院原不能主动积极介入环评，在美国相当活跃的环保组织扮演了法院监督环评程序的桥梁，借由环保组织提出的一连串诉讼，法院得以从中表示意见，进一步具体化环评程序的内容。〔3〕在私益诉讼模式下，环保组织提起诉讼首先面对的是"当事人适格"的问题。虽然 NEPA 所宣示的环境政策中提及"人人应享有健康的环境，并有维护及促进环境的义务"，但美国最高法院仍认为 NEPA 仅课予联邦机关程序义务，而未创设任何人据以提起诉讼的实体权利。〔4〕NEPA 缺乏公民诉讼条款，但是并未堵塞公民救济的途径。〔5〕

美国 1970 年放宽适格性司法审查标准，使环保组织利用诉讼策略推展

---

〔1〕　263 U. S. 447（1923）.

〔2〕　392 U. S. 83（1968）.

〔3〕　张宗存："民众参与理念在环境影响评估制度的实践"，台北大学 2005 年硕士学位论文。

〔4〕　435 U. S. § 519（1978）.

〔5〕　[美] 玛莎·S. 本森："环境案件起诉资格、公民诉讼和环境清理责任分摊"，载吕忠梅、[美] 王立德主编：《环境公益诉讼——中美之比较》，法律出版社 2009 年版，第 151 页。

其主张，几乎没有因资格问题产生程序性障碍。其中环保组织被美国行政
法体系认定并赋予环境利益代言人之重要地位，是美国行政法在 20 世纪
70 年代最受人瞩目的现象之一。而在大多数联邦行为都必须进行环评的规
定之下，透过对环评程序的运作提起诉讼，使联邦政府的开发活动都可能
会受到环保组织的诉讼挑战。在 Environmental Defense fund v. Hardin 案中，
美国最高法院肯认系争问题，任何组织具有环保或消费者保护的利益时，
该组织便有当事人适格，但只有当该组织是代表其受害会员时，才可以代
替其提起诉讼，寻求司法救济。而在 Sierra Club v. Morton 案中，该案正式
确立环保组织只要主张其成员在环保或美景上受有损害，也有当事人适
格。法院对当事人适格的宽松认定也导致了日后公民诉讼的产生。但通过
1992 年 Lujanv. Defenders of Wildlife 一案，美国最高法院开始限缩适格性原
则的审查，增加了环保组织在利用法院进行诉讼的阻碍。在该案中，事实
上的损害必须是具体与特别的，且真实与急迫的。而针对程序损害的主
张，区分为有关个人利益事项与无关个人利益事项的程序权损害，就前者
而言可以取得原告适格，如 "在邻近的开发案的环评程序" 为可取得诉讼
适格的程序损害；而后者则不能主张取得原告适格。而美国最高法院在此
案中有关原告适格的判断却被下级法院进行了不同的解读。在 Florida Au-
dubon Society v. Bentsen 〔1〕案中，Florida Audubon Society 对于美国财政部
将对于替代能源免税额的项目涵盖汽油与玉米酒精混合而成之燃料的决定
提起诉讼，主张此种免税额范围的扩张，有应依据 NEPA 进行环评而未进
行的违法情形。其诉讼主张为，此决定会增加玉米生产而使荒野林地减
少，威胁野生动物的生存，将影响其成员享受观赏野生动物的利益。而哥
伦比亚特区法院认为原告要提出与环评有关的诉讼，必须具有可被认知的
损害，而此种损害可以很容易地归因于系争行政行为。在本案中原告必须
证明其与系争决定有地理上的关联性，亦即应指出因此种免税额范围的扩
张，那一块其成员所享受的林地将因此而转化为玉米田，才具有原告
适格。

---

〔1〕　94 F. 3d 658 (D. C. Cir. 1996).

而在 Idaho Conservation League v. Mummma[1]案中，美国第九巡回上诉法院采取宽松的方式解读原告适格的要求。在该案中，美国农业部森林局决定不将爱达华州 Panhandle 森林地中 43 块无道路通过的林地依据荒野法指定为荒野地。Idaho Conservation League 等环保组织起诉，主张此决定所依据的环评不适当，未考虑所有替代方案以及所有环境影响。美国第九巡回上诉法院认为，不适当的环评报告导致可能的环境影响被忽略的损害，而原告等对此损害具有地理上的关联性，具有诉讼上的适格性。尽管两个法院对于如何认定损害意见不同，但有关环评案件适格性的判断，都采取地理上关联性的标准。即对于具有地理关联性的开发案之环评程序瑕疵（与个人利益有关者）可主张程序权受侵害而取得诉讼资格。[2]

美国的经验是适度承认起诉人主张公共利益之资格。例如，在 Sierra Club v. Adams 案中，美国政府与巴拿马、哥伦比亚合作修筑一条高速公路，Sierra Club 认为美国政府没有准备环评报告，起诉到法院。法院发出禁止令，美国政府不得继续为高速公路建设提供援助，直到其依照 NEPA 递交一份适当的环评报告。[3]美国政府随后递交了一份报告书。法院认为报告书在三个问题上还没有进行适当调查：（1）口蹄疫的控制；（2）高速公路可能的替代路线；（3）高速公路对其将要穿过的印第安部落的影响。所以，根据 Sierra Club 的请求，延续禁止令的实行。美国政府承认 Sierra Club 就口蹄疫控制问题，有挑战环评报告的原告资格，但对另外两个问题没有起诉资格。法院认为，对替代线路的讨论实际上是如何控制口蹄疫讨论的延伸，Sierra Club 有起诉资格。至于对当地印第安部落的影响问题，法院认为，NEPA 要求行政机关在最大限度内遵循其各项规定，限制起诉人就环评报告中的其他不适当之处提出起诉，与立法目的相左。更何况，报告所涉各问题是相互联系和依赖的，不能割裂对待。因此，法院支持 Sierra Club 的主张，即起诉人只要根据一项事由有资格起诉环评报告的适当

---

　[1]　956 F. 2d 1508（9th Cir. 1992）.

　·[2]　汪劲等编译：《环境正义：丧钟为谁而鸣——美国联邦法院环境诉讼法经典判例选》，北京大学出版社 2006 年版，第 49 页。

　[3]　沈岿："行政诉讼原告资格：司法裁量的空间与限度"，载《中外法学》2004 年第 2 期。

性，就有权提出报告存在其他不适当的问题，这个权利的基础是"公共利益"，即要求政府官员切实履行 NEPA 所规定的义务。[1]

二、德国环评司法审查的原告资格

在德国，请求法院进行权利保护的前提要件是个人的主观公权利受到侵害，亦即是一种个人权利防卫型的司法救济，而与另一种司法救济模式——客观法律秩序的控制，成为相互对立的不同模式。[2]德国立法者在法律中贯彻着"自己权利被害的可能性乃是行政诉讼的要件"的理念。如德国《行政法院法》第 42 条第 2 项规定："除法律有特别规定外，撤销与课予义务之诉，仅于原告主张行政行为或其拒绝或不作为而侵害其权利时，始得提起。"然而德国实务上在诠释"权利"这个概念时，采用广义见解，包括法律上所保护的利益及法律地位。[3]在德国，主观公权利具有"过滤功能"，亦即接近使用法院原则上仅限于个人权利保护的意图。行政诉讼原告是否具有起诉资格，德国采取"保护规范理论"来判断：立法者所制定的规范，除了保护公共利益以外，有无保护第三人的意图，而且起诉的原告是否属于法律所要保护的第三人。由于法律很少明确规定第三人有主观公权利，因此法律是否有保护第三人的目的经常依赖于法官基于"保护规范理论"而作出的解释。依据盛子龙教授的整理，德国法官解释法律是否有保护第三人意图遵循的规则如下[4]：一是"保护规范理论"所要探求的规范目的，并非真正历史上立法者的意思，而是法律秩序下客观理解的规范目的，而且不能着眼于该法律本身的规定，必须综合考量与该法律相关联的规范结构及制度性条件。二是当法律在规范计划时，要求行政机关必须特别斟酌特定第三人利益，并强调利益平衡时，即可认定该规范已经主观化而具有保护规范的性质。三是不能因法律规定只提及"公

---

〔1〕 Sierra Club v. Adams, 578 F. 2d 389（DC Cir. 1978），转引自沈岿："行政诉讼原告资格：司法裁量的空间与限度"，载《中外法学》2004 年第 2 期。

〔2〕 Von Prof. Dr. Wolfgang Kahl, M. A："德国与欧盟行政法上主观公法上权利之现况、演变及其展望"，林明锵译，载《台北法学论丛》第 40 卷第 2 期。

〔3〕 黄绍文："行政诉讼中之诉讼利益"，台湾大学 1998 年硕士学位论文，第 141 页。

〔4〕 盛子龙："撤销诉讼之诉讼权能"，载《中原财经法学》2001 年第 7 期。

共利益""公共秩序"等，即直接否定其有保护第三人的意图。四是因基本权在个案中的渗透，在探求法律是否有保护第三人目的时，应充分考虑保障受到行政行为影响的基本权。

在德国《环境救济法》颁布之前，针对有关环评的案件，所有法院判决及学说皆一致认为，环评的规定并非为保护特定人的利益，而是为一般性的环境、自然的利益而设，依据"保护规范理论"无人具有主观公权利而可起诉。[1]因此针对瑕疵的环评（或是根本未依法实施的环评）无人能取得诉请撤销最终实体决定的权利，当事人须先依据实体决定据以做成的实体法律规范，取得主观公权利，才能取得请求法院撤销该实体决定的资格。在德国，对程序规定的司法审查，大致整理如下：原则上大多数的程序规定属于客观法规范，但如程序规范有保护利害关系人的目的时，则当事人就该程序规定有主观公权利，称为程序权。而程序权可区分为相对程序权与绝对程序权，相对程序权的存在目的是为了保护可能受到实体决定侵害的实体权利，其虽使当事人取得诉权，但依据德国《行政程序法》第46条的规定须违反程序规定影响实体决定的正确性时，才能撤销该实体决定；当程序规定是以保障该程序权为本身独立目的时，该程序规定为当事人的绝对程序权，绝对程序权不但赋予当事人诉权，其违反也直接导致实体决定的撤销，无须证明程序规定的违反与实体决定正确性之间存在因果关系，绝对程序权的赋予为一种例外。

联合国欧洲经济委员会1998年通过，2001年实施的《奥胡斯公约》规定了司法参与权，其第9条要求加盟国确保包括环境团体在内的市民对违反环境法规的行为在程序及实体上的瑕疵所提起的诉求，都能够得到由法院或独立公正的审查机关的审查。[2]为应对这些规定，欧盟于2003年通过了有关市民参与环境的计划、项目的指令（2003/35/EC），为贯彻欧盟2003/35/EC指令要求，德国于2006年制定了《环境救济法》。根据该法第4条第1项规定，倘若某一建设项目未依法进行环评，或是未依法进行

---

〔1〕　Eckart Hien, a. a. O. , S. 425.

〔2〕　［日］大久保规子："环境公益诉讼与行政诉讼的原告适格——欧盟各国的发展情况"，汝思思译，载《交大法学》2015年第4期。

个案预审是否有环评义务，也未补正的，可要求撤销该开发许可。这项规定的首要含义是，免除因果关系的证明，即对于违法未进行环评或是个案预审这两种类型，日后在因果关系上无须讨论该程序瑕疵是否对于最后的开发许可具有重要性，一律视为重要，若未补正或治愈，均得撤销该开发许可，该规定构成《行政程序法》第 46 条的特别规定。这对于环评，乃至对于程序规定在德国法上的地位而言，可以说是一项重大突破。[1]该法强化了环评程序瑕疵的司法救济，赋予当事人主观公权利，可对应实施而未实施环评或是个案预审的程序瑕疵，提起诉讼请求法院撤销。

但必须注意的是，德国《环境救济法》第 4 条的规定只提到违法未进行环评或是未进行个案预审两种情形，其他的程序瑕疵均不包括在内。若形式上进行了环评或个案预审，但实质上错误百出，仍不能适用上述规定诉请撤销原决定。[2]即对于有瑕疵的环评或是个案预审，则维持该法颁布前的现状，不赋予当事人主观公权利，并且应于环评程序瑕疵对于实体结果的正确性有影响时，才可诉请撤销实体决定。将其他重要的程序瑕疵一律除外的规定显然过于狭隘，尤其像公众参与的相关规定。环评的精髓在于，行政机关若是违反公众参与的规定，应该也要能够要求撤销开发许可才不违背环评制度设定公众参与的目的。德国政府先前在《环境救济法》的草案中规定，违反"重要的程序规定"，并且该程序瑕疵未被治愈者，均得要求撤销开发许可，而违法未进行环评或是未进行个案预审通常即是违反"重要的程序规定"。即在原先的草案中违法未进行个案预审仅仅是列举规定而已，并未排除其他重要的程序瑕疵。然而代表各邦利益的联邦参议院反对这项草案规定，要求删除，认为欧盟法并没有强制要求这样的法律效果，并且该规定将导致计划决定和投资决定的拖延，最终通过目前的版本。[3]有学者指出，此条文是否符合欧盟《公众参与指令》规定以及

---

〔1〕 转引自刘如慧："从环境影响评估及团体诉讼制度看德国环境法的欧洲化冲击"，载《欧美研究》2011 年第 2 期。

〔2〕 刘如慧："从环境影响评估及团体诉讼制度看德国环境法的欧洲化冲击"，载《欧美研究》2011 年第 2 期。

〔3〕 刘如慧："从环境影响评估及团体诉讼制度看德国环境法的欧洲化冲击"，载《欧美研究》2011 年第 2 期。

欧洲法院向来的判决意旨，非常值得怀疑。[1]

至于谁可以依据《环境救济法》相关条文对上述两种环评程序瑕疵提起诉讼？具有利害关系的第三人可以吗？大多数学者对于该条文进行体系解释后，采取否定见解，认为该条文旨在将《环境救济法》第 2 条赋予环保组织的诉权扩大到环评瑕疵。至于具有利害关系的个人则不得单独援引该法第 4 条第 1 项规定提起诉讼，仍然必须有其他的保护规范作为依据，故此时第 4 条第 1 项规定的作用仅只免除因果关系的证明而已。[2]

如上所述，美国宽松的当事人适格门槛以及重视程序理性的法律结构，使得美国公民、环保组织得以透过司法诉讼的手段来实现环境理性、多元理性竞争的效果。体现在环评制度运作过程中，一方面能保证公众参与环评程序的始终；另一方面，让这种参与有成效，体现民意，更重要的是能够有司法审查力量作为保障，这样的思路已经在重实体、轻程序的大陆法系国家得到认可。在德国，《环境救济法》在环评领域发展出了绝对程序权，对应实施而未实施环评或是个案预审的程序瑕疵，无须证明环评程序瑕疵对于实体结果的正确性有影响，亦拥有原告资格。

第三节　我国环评私益诉讼原告资格的完善

布里奇斯提出："有充分理由的申请可能被草率地拒绝进入法院。如果发生此种情况，就会导致不公正，也会产生更广泛的社会暗示。因此十分关键的是，司法审查筛选程序的运作与人们眼中的筛选程序的运作必须公正和保持一致。"[3]正如本书第二章所述，我国环评审批司法审查的原告资格过于狭窄，应予以扩展，以避免有充分理由的申请被草率地拒绝进入法院而产生不公正现象。

---

〔1〕 转引自刘如慧："从环境影响评估及团体诉讼制度看德国环境法的欧洲化冲击"，载《欧美研究》2011 年第 2 期。

〔2〕 转引自刘如慧："从环境影响评估及团体诉讼制度看德国环境法的欧洲化冲击"，载《欧美研究》2011 年第 2 期。

〔3〕 转引自 [英] 卡罗尔·哈洛、理查德·罗林斯：《法律与行政》（下卷），杨伟东等译，商务印书馆 2004 年版，第 981 页。

一、"法律上利害关系"解释的完善

（一）"法律上利害关系"中的"法律"仅限于实体法

《环境影响评价法》是我国唯一使公众在行政机关作出重大开发决策前拥有程序参与并表达意见的法律。此取法自美国《国家环境政策法》的典型思维，使得公民在决策程序中的参与亦成为行政决策的正当性来源之一。

原告资格的界定除了抑制滥诉外，也与司法审查的目的相关。若认为司法审查的目的在于控制行政权，促使其依法行使，则理论上应允许任何人对于违法行政行为提起诉讼；若认为原告资格是为了赋予人民排除不法侵害的权利，以维护个人完整的实体权利，则司法审查的目的在于保护个人权利，仅当其权利受到侵害时，允许其拥有原告资格并据以提起诉讼。我国《行政诉讼法》第 2 条规定，公民、法人或者其他组织认为行政机关和行政机关工作人员的行政行为侵犯其合法权益，有权依照本法向人民法院提起诉讼。并在其第 12 条具体列举了公民、法人或者其他组织对哪些行政行为不服或认为哪些行政行为侵犯其合法权益可向人民法院提起诉讼。我国于 2015 年废止的《行诉法解释》将原告解释为"与行政行为有法律上利害关系的公民、法人或者其他组织"。而其中的"法律"究竟是指实体法还是既指实体法又包含程序法，即法律上的利益是否包含程序法上的利益？理论与实务中将原告资格限制在个人实体法律上权利或利益的保护，仅个别学者认为，《行诉法解释》对原告资格所作的规定表明"法律上的利害关系"是指实证法（包括实体法和程序法）所保护的权益或利益关系。[1]如此"共识"固然有其理由，一方面基于诉讼资源有限的考虑而防止滥诉，另一方面亦与司法将自身目的设定在个人实体权益保护有关。"认为程序不能作为自治、独立的实体存在——即不足以从自身品质上找到其存在的合理性和正当性——而仅仅是被用来实现某种外在目的的手段和工

---

[1] 王学辉主编：《行政诉讼制度比较研究》，中国检察出版社 2004 年版，第 205 页。

具。"〔1〕然而，在环境法领域发生的案件类型比较复杂，不同的法领域所涉及的事务性质或特性亦将不同。尤其是在环评中，强调通过程序规范的遵守来提升行政决策的正确性，如果仍然千篇一律地适用以实体权益的侵害作为原告资格界定标准是否合适则不无疑义。

（二）"法律上利害关系"应包含程序法上利害关系

不管理论上还是实务中，诉权仅仅与个人实体权利相连结，将原告资格限缩在法律所保护的实体权利和利益之上。这迫使一些长期关注环评并实际参与环评程序的环保组织，甚至是地缘关系较远的当地居民，虽具有事实上的利害关系却因欠缺原告资格而无法提起诉讼。

若认为原告资格仅是为了保护个人实体权利而存在，就等于认为只有建设项目对个人的生命、身体或财产权可能造成侵害时，才能允许其进入法院通过诉讼来反对项目开发，尽管环保组织对建设项目拥有事实上的利害关系，或是其所享受的环境品质、利益有遭受破坏的危险，仍无法通过起诉来表达诉求，尤其当环评遭受外在力量扭曲、干预呈现政治、经济理性独大的情形时，缺陷更明显。在此情形下，法院所能发挥的司法控制功能即遭受限制。尤其是当行政机关出现程序违法的情况时，拥有环评程序参与权的公众是否仍能诉请法院救济以"撤销"程序违法的环评审批决定即有疑问。若答案是否定的，那么即意味着公众无法通过司法控制的方式，来保障其行政程序之参与地位的完整。

尤其在抽象的立法授权与行政权拥有专业资源的权力特性，已不足以充分赋予行政权正当性的情形下，再加上科学、专业与风险的界定本身其实是价值判断的问题，使得参与模式所追求的公民参与、风险沟通以及程序理性成为行政权获得正当性的必要途径，而这也是拥有公众参与制度的《环境影响评价法》重要的制度功能。从环境法的预防原则出发，国家固应积极防止环境生态被破坏或恶化，但依据我国《宪法》第26条规定来看，其精神并非赋予环境价值绝对优势而高于其他价值；而且环保问题常常涉及复杂利益冲突，再加上我国法律向来偏重实体。因此，尽管环境法

---

〔1〕　胡肖华：《宪法诉讼原论》，法律出版社2002年版，第1页。

律对静态的实体权利义务的归属规定得非常详细，即使有丰富完备的实体权依据，可能亦无法有效帮助环境行政机关，随着事情的发展，动态的采取相应的程序措施，以调和各种利益，整合各方观点而作出合理的决定；其次，对程序上当事人或利害关系人来说，即便重大环境决策确实关系其自身权益，但仅凭实体权的归属，往往也无法成为决策程序上的主体，由于不能尽早了解相关信息，适度参与决策流程，进而影响决策的作出，剩下事后静态的司法裁决只是亡羊补牢，实体权利的保障也很可能就此落空。因此，环境保护与经济发展的衡平机制，除了实体的请求权基础外，还需"兼筹并顾"功能导向的程序。

如果认为公民参与及程序理性是行政权正当性的必要来源，那么，法院如何界定原告资格便值得反思。在环评中，公众在程序中的参与及沟通，其意义不再仅是形式上的法定要求，而是整个环评审批决定是否拥有正当性的必要条件。因此在环评中，若将原告资格仍限制在法律所保护的实体权益上，将会产生如此矛盾，即在环评中拥有参与权的公众，当其进行决策参与并不服环评审批决定时，会因为建设项目环评审批并未侵害其实体法上的权益，而被拒绝进入法院大门，即使行政机关在环评审批过程中存在违法或仅为形式上的走过场时，享有参与权的公众仍无法通过司法寻求救济。[1]因此，在环评审批正当性来源于公众参与理念下，为了避免环评法律赋予公众程序参与权成为"一纸空文"，应承认赋予公众参与独立程序权能的必要，即只要在环评中拥有参与权利的公民、法人或其他组织，当其程序权遭受来自行政机关的侵害时，即得单独据以提起诉讼以寻求救济，而不需证明因为程序权的侵害而导致实体权益的损害。正如美国奥康纳（O'Connor）大法官指出，若是违反程序义务，只要该义务本就是用来保护原告的具体利益，一旦该义务违反，应就足够赋予其当事人原告资格。[2]

---

〔1〕 简凯伦："论风险社会下的环评制度与法院——司法系统与社会脉络的相互建构"，台湾大学 2011 年硕士学位论文，第 56 页。

〔2〕 转引自宫文祥："面对环境保护落实与环境政策形塑：试探美国联邦最高法院当为及当守之分际"，载《司法新声》2013 年第 105 期。

由此，法院也可以通过原告的启动，而获得监督行政权行使是否符合程序理性的机会。正如唐明良博士所言："一方面，环评行政不同于传统行政，它奉'预防原则'为圭臬，环评决策是一种预测决定，在环评审批决定作出当时一般并不发生具体的现实权益损害，如果一定以'现实权利或利益'的损害为原告资格要件，则未免失之过严；另一方面，环评决策及建设项目是否对居民造成实质性侵害，是在实质性论辩中越辩越明的问题，而不适宜在原告资格这个环节上设置过高的门槛，否则将不利于发挥司法审查在监控环评机关程序履行、建构风险沟通场域方面的功能。"〔1〕而要想使每个利害关系人的意见都能得到行政机关充分的考虑，仅有程序保障是远远不够的，还必须保证每个人均有诉诸司法救济的权利。〔2〕

在我国，在环评领域扩展原告资格，未必要修改《环境影响评价法》后方可实践。这完全可以通过司法实践或进行法律适用解释予以应对。在环评领域，针对其主要是程序规范的特征，站在行政权行使正当性亦应来自公众参与的理念下，将"法律上利害关系"解释为不仅包含实体法上的利害关系，而且包含程序法上的利害关系。确认《环境影响评价法》所赋予的程序参与权本身即为一种独立权能，因而建设项目附近居民或环保组织如在环评过程中的参与权受到侵害，仍得据此拥有"利害关系人"的地位，而向法院提起诉讼来寻求救济，并期许法院发挥司法控制功能，而这亦与当代行政法以程序控权取代实体控权的发展主流相吻合。〔3〕

---

〔1〕 唐明良：《环评行政程序的法理与技术——风险社会中决策理性的形成过程》，社会科学文献出版社 2012 年版，第 248 页。

〔2〕 参见张芳："构建我国的公益代表人制度"，载《甘肃行政学院学报》2004 年第 4 期；陈良刚："论行政诉讼原告资格认定中的利益衡量"，载《法律适用》2006 年第 8 期。

〔3〕 行政法的控权功能从实体法转移到程序法上，使现代行政法出现了程序化趋势，用程序控权来取代实体控权，或者说以正当程序模式的行政法来弥补严格规则模式行政法之不足，已成为当代行政法发展的主流。参见孙笑侠：《法的现象与观念》，山东人民出版社 2001 年版，第183 页。

二、"当地居民"范围确定标准的完善

在环境诉讼中，考虑到环境污染或环境破坏的非直接性、损害范围广等特点，确定权益受影响的原告范围并非易事。环评审批司法审查的原告包含建设单位及建设项目当地（附近）的公民、法人和其他组织（以下简称为"当地居民"）。其中建设单位是行政行为的相对人已非常明确，但当地公民、法人和其他组织的范围根据立法规定仍然无法确定，需要进一步探讨。

通过环评的建设项目需要利用项目建设地周边的环境资源，而环境资源恰是当地居民赖以生存的生活必需品，这就导致了建设单位与当地居民利益竞争甚至严重冲突的局面。而环评的过程正是环境利益分配的过程，利益分配相关者之"当地居民"自然是环评审批决定作出的利害关系人。虽然由以上论述可知"当地居民"是适格原告，可"当地居民"的范围如何界定依然是个必须确定的问题。

当地居民范围的界定，世界银行采取了"受到直接影响"和"存在利害关系"的标准。[1]学者陈慈阳提出"开发行为可能影响地标准"，即开发行为会影响原告之权利，如身体、生命及财产权等，此时不仅为"环境影响评估法"之利害关系人，更是"环境影响评估法"保护之人民，据此，其具有提起诉讼之诉讼权能。[2]笔者认为，在我国，"当地居民"的认定应不同于一般具体权利侵害的模式思考，而应参考《环境影响评价法》的目的，从建设项目对环境影响的程度，通过客观的科学实证调查，在个案中加以具体确定受影响人民的范围。正如学者李建良所见，"究竟应由哪些'当地'居民参与开发行为的环评程序，须根据个案开发行为的性质与规模而定。开发行为的规模愈大、对环境的破坏力愈强、对居民安

---

[1] 如世界银行提出，项目开发者进行评价时，必须判断并确保直接受到影响的群体，包括项目的可能受益者、可能遭受风险者以及利害关系者。判断是否受到直接影响时，世界银行指出要考虑以下项目可能造成影响的因素来进行判断：影响居民的范围或程度、影响的强度、影响的持久度、影响是否具有可回复性。World Bank, "Public Involvement in Environmental Assessment: Requirments, Opportunities and Issues", *Environmental Assessment Sourcebook Update*, October, 1993.

[2] 陈慈阳："环境诉讼中之当事人适格问题"，载《台湾法学杂志》2010 年第 147 期。

全的不良影响愈深，应容许参与程序的居民的范围也就愈广"。[1]

在具体个案中，是否"受到直接影响"或"存在利害关系"可以从以下三个方面进行个案衡量：第一，根据环评的评价范围进行确定。环评的评价范围往往是建设项目的影响范围。如果要求建设单位在一定范围内对空气污染、水污染、噪声污染等进行评价，那么在此范围内的居民以及从此水源取水的居民均可被认为属于存在利害关系的"当地居民"。因此，建设项目投产后产生的废水、废气、噪音可能影响到的居民均具有起诉资格。

日本的实务见解往往否定周边居民的原告适格。而"小田急判决"则从《都市计划法》等相关法规的趣旨、目的出发，承认"小田急高架道路"周边住民，约 20 万人皆有原告资格，被学者认为是前所未有的"门户开放"。[2]

根据我国《建设项目环境影响评价技术导则总纲》（HJ2.1-2016）3.7 规定："环境影响评价范围的确定，指建设项目整体实施后可能对环境造成的影响范围，具体根据环境要素和专题环境影响评价技术导则的要求确定。环境影响评价技术导则中未明确具体评价范围的，根据建设项目可能影响范围确定。"建设项目环评的利害关系人，原则上指建设项目整体实施后可能对环境造成影响范围内的当地居民，个案中的具体影响范围根据环境要素和专题环评技术导则的要求确定。但是我国环境影响评价的范围基本上是由建设单位确定，为避免建设单位有意缩小评价的范围而规避公众参与，法院在受理案件时应给予起诉人证明其属于环境影响评价范围内公民、法人和其他组织的机会，而不宜过于尊重建设单位所确立的环境影响评价范围，限缩原告的诉讼资格。

第二，从相关法律法规规定"公众参与"的主体范围出发进行确定。我国《建设项目环境保护管理条例》第 14 条将环评的参与主体限定在"建设项目所在地有关单位和居民"，即建设单位编制环境影响报告书，应

---

〔1〕　李建良："环境影响评估与正当法律程序"，载《月旦法学杂志》2015 年第 239 期。

〔2〕　蔡志扬："环境影响评估行政诉讼之'门户开放'"，载 http://www.justuslaw.com.tw/news_detail.php? class=762，访问日期：2013 年 10 月 15 日。

当依照有关法律规定，征求建设项目所在地有关单位和居民的意见。而"所在地"到底是开发项目所在乡、县还是省并不明确。2018 年《环境影响评价公众参与办法》第 5 条规定，"建设单位应当依法听取环境影响评价范围内的公民、法人和其他组织的意见，鼓励建设单位听取环境影响评价范围之外的公民、法人和其他组织的意见"，即将"建设项目所在地有关单位和居民"细化为"环境影响评价范围内的公民、法人和其他组织"，后者更科学也更具可操作性，即将受建设项目影响的公民、法人或者其他组织视为公众，可履行公众参与程序。《环境影响评价公众参与办法》鼓励建设单位听取环境影响评价范围之外的公民、法人和其他组织的意见。若环境影响评价范围之外的公民、法人和其他组织确实也参与了环评程序或要求参与环评程序，并发现环评审批行为确实对其权益产生影响，亦可以作为适格原告提起诉讼。

第三，依据与建设项目是否具有紧密的时空关联性进行判断。即必须与建设项目具有紧密的时空关联性才被认可为具有原告资格的"当地居民"。一是与建设项目有非常紧密的空间关联性[1]；二是与建设项目有非常紧密的时间关联性。[2]因环境污染无边界，不应简单地以行政区域作为原告是否将受到建设项目的影响，是否具备原告资格的唯一判断标准。如在日本，核能电厂 50 公里范围以内的居民对于核电厂的兴建都具有诉讼权能的见解值得借鉴。

第四节　我国环评公益诉讼的确立及原告资格的设置

从我国环评审批司法审查的实践来看，我国环评审批案件基本上都停留在私益诉讼范畴内，原告不是作为环评审批相对人的建设单位，就是与

---

　　[1]　如可以考量建设项目所产生的有害物质达到一定的数量、浓度，而造成此一区域长时间及此区域内的有害物质与其他物质相互作用的状况。

　　[2]　所有持续在该地停留或是有非常紧密的生活关联性之人皆包含在内，除了土地使用权人以外，还包含其他不动产所有权人或使用权人，如承租人甚至受雇佣者，是否有时间关联，关键看是否在一定时间中，可能持续受到该建设项目的侵害，以及会对其产生非日常生活的一般危险性状况，而是超越一般日常生活的危险性。

环评审批有利害关系的建设项目地附近的居民。而环境公益诉讼基本上局限于损害已经发生的情形。

一、环评公益诉讼的确立

不管是我国《民事诉讼法》第 55 条第 1 款的规定"对污染环境、侵害众多消费者合法权益等损害社会公共利益的行为，法律规定的机关和有关组织可以向人民法院提起诉讼"，还是我国《环境保护法》第 58 条的规定"对污染环境、破坏生态，损害社会公共利益的行为，符合下列条件的社会组织可以向人民法院提起诉讼……"都易被理解为公益诉讼的对象仅是针对已经损害社会公共利益的行为。而且，实践中轰轰烈烈展开的公益诉讼基本上都是针对损害已存在的违法行为提起诉讼。2015 年 1 月 7 日，最高人民法院颁布施行的《关于审理环境民事公益诉讼案件适用法律若干问题的解释》在第 1 条规定了预防性诉讼条款，赋予法律规定的机关和有关组织对具有损害社会公共利益重大风险的污染环境、破坏生态的行为提起诉讼的权利。预防性环境公益诉讼突破了"无损害即无救济"的诉讼救济理念的桎梏。目前实践中仅有三起案件是关于预防性环境公益诉讼的，第一例是为保护濒危野生植物五小叶槭，针对实施雅砻江水电梯级开发计划可能破坏濒危野生植物五小叶槭生存的情况，中国生物多样性保护与绿色发展基金会于 2015 年 9 月 17 日提起对雅砻江流域水电开发有限公司的公益诉讼；第二例是为保护濒危物种绿孔雀栖息地，北京市朝阳区自然之友环境研究所以戛洒江水电站建设将会对珍稀动物绿孔雀的栖息地造成淹没为由提起环境民事公益诉讼，要求法院判处水电站建设方"消除危险"，停建该水电站；第三例是为保护热带雨林与珍贵鱼类栖息地，自然之友环境研究所起诉云南华润电力（西双版纳）有限公司一案。相对于以往的公益诉讼针对的主要是已经有污染或破坏行为等既定事实的情况，此三起诉讼，针对的是存在潜在风险的情况，即损害行为还没有发生，是预防性的。尽管三起案件均已被法院受理，但无一案宣判。

目前我国的环境公益诉讼实践具有明显的事后救济特征，在大部分案件中，环境公益诉讼在对环境的损害实际发生甚至环境危害行为已经完结后才介入，因而其预防作用难以充分发挥。而相比于环境民事公益诉讼，环境行政公益诉讼的目的是督促行政机关依法履行职责，其预防性作用更明显。我国《行政诉讼法》第 25 条第 4 款确立了行政公益诉讼制度。该条规定："人民检察院在履行职责中发现生态环境和资源保护、食品药品安全、国有财产保护、国有土地使用权出让等领域负有监督管理职责的行政机关违法行使职权或者不作为，致使国家利益或者社会公共利益受到侵害的，应当向行政机关提出检察建议，督促其依法履行职责。行政机关不依法履行职责的，人民检察院依法向人民法院提起诉讼。"由此可知，法律仅授权人民检察院为行政公益诉讼的适格原告。不管是"五小叶槭案"还是"绿孔雀案"，原告均发现水电站建设项目的环境影响评价，从程序上到实体上均存在重大问题，但仍获得审批通过。比如在"绿孔雀案"中，环评单位昆明勘测设计研究院不仅为建设单位的股东之一，还是该项目的总承包方。工程环境影响报告书中，未提及绿孔雀等保护动物栖息地将被淹没，也未对淹没季雨林作全面的调查和客观地评估。因原告作为环保组织欠缺提起行政公益诉讼的资格，而只能提起民事公益诉讼。而预防性环境民事公益诉讼目前仍然存在着预防内涵不明、潜在环境损害程度标准模糊及举证责任不明确等问题。

环评审批既有可能会引起建设单位及建设项目附近居民的私益受侵害，也可能会引起公众环境权益的受损，环评审批司法审查既承担起救济私益，也承载着救济公益的功能。尽管通过作为利害关系人的建设项目附近居民的私益诉讼，也能起到间接救济公益的目的。但此目的的实现依赖于私益诉讼的提起，若作为私益诉讼的原告欠缺诉讼动力，则保护环境公益的目标便无从实现。因此，我国应以《环境影响评价法》的修改为契机，在立法上明确公益诉讼条款，以具体化我国《行政诉讼法》第 25 条的规定，并在此基础上拓展原告的范围。

二、环评公益诉讼原告资格的设置

检察机关作为国家法律监督机关，证据搜集能力和诉讼能力较强，在保护环境公共利益方面具有优势，因此在环境公益诉讼主体中检察机关应当处于重要位置。[1]依据相关法律，检察机关是行政公益诉讼唯一的适格原告。因此，一方面，检察机关应探索开展预防性公益诉讼，尤其是针对生态保护类环境影响评价存在的突出问题，一旦调查核实环境评价报告内容有重大缺陷或者严重失实的情况，要依法依职权督促审批机关及时撤销环评批复，并根据实际情况作出是否对该单位重新环评的决定。[2]二是仅仅依靠检察机关作为原告的监督功能并不够，必须扩展环评公益诉讼的原告范围。

德国环评公益诉讼的法律依据来自 2002 年修正《联邦自然保育法》及 2006 年制定的《环境行政诉讼法》，确立了环保组织的诉讼资格，均采取事前认可制，无须在诉讼时主张权利受损。对于环保组织的公益性的任务目的在形式与实质上均予以审查，并且要求其从事活动必须超过 3 年（时间上的限制），且其活动领域必须超越单一邦的范围（地理上的限制）。[3]环评属于实现预防原则的具体制度，是防患于未然的事前评价审批程序，往往实际损害尚未发生，难以认定原告的权利是否受到损害。若以法律规定直接赋予环保组织诉讼权能，事先就环保组织的资格予以规范则更具可操作性。作为我国社会组织之一的环保组织，其原告资格已在立法上明确规定。[4]不仅如此，因环境利益往往难以转化为个人利益，且涉及开发行为，个人基于不同立场存在利益冲突，在环境法领域昂贵的交易成本和获益的集体性质阻碍人们进行诉讼，而环保组织则可以抛开利益冲突，真正捍卫环境利

---

〔1〕 刘小飞等："深化环境公益诉讼理论与实务研究　提升环境公共利益法治保障水平——'环境公益诉讼理论与实务研讨会'综述"，载《法律适用》2017 年第 13 期。

〔2〕 黄超、邓铁军："检察机关可探索开展预防性环境公益诉讼"，载《检察日报》2019 年 6 月 3 日。

〔3〕 李欣儒："论'环境影响评估法'上公益撤销诉讼"，东吴大学 2015 年硕士学位论文，第 37 页。

〔4〕 参见 2014 年《环境保护法》第 58 条规定："对污染环境、破坏生态，损害社会公共利益的行为，符合下列条件的社会组织可以向人民法院提起诉讼：（一）依法在设区的市级以上人民政府民政部门登记；（二）专门从事环境保护公益活动连续五年以上且无违法记录。符合前款规定的社会组织向人民法院提起诉讼，人民法院应当依法受理。提起诉讼的社会组织不得通过诉讼牟取经济利益。"

益。而且环保组织不需要证明其已在环评程序中行使了法律所赋予的程序参与权，即环保组织不需要以其程序权遭受侵害去获取原告资格，否则，其性质仍是"主观诉讼"，只有纯粹为公共利益起诉，而非自身程序权受损的，其性质为"客观诉讼"，才是真正的公益诉讼。若依据环评相关法律法规享有参与权，但此程序权被侵害的其他组织提起的诉讼依然属于环评私益诉讼。

为节约诉讼成本，督促行政机关依法履行职责，我国在环评法上引入公益诉讼条款时，也可以令环保组织在起诉前应履行书面告知义务，当主管机关在 60 日内仍未依法执行的，方可向法院提起诉讼。

第五节　小　结

美国宽松的当事人适格门槛以及重视程序理性的法律结构，使得美国公民、环保组织得以通过司法诉讼的手段来促进行政决策的环境理性，实现《国家环境政策法》设置环评的规范目的。这样的思路也在重实体、轻程序的大陆法系国家呈现。在德国，《环境救济法》在环评领域发展出了绝对程序权，对应实施而未实施环评或是个案预审的程序瑕疵，无须证明环评程序瑕疵对于实体结果的正确性有影响，亦拥有原告资格。诉讼的可能性使得行政机关必须充分消化回应环评制度中的公众参与相关意见，使得司法监督成为环评的重要监督。我国环评案件主要是私益诉讼性质，关于原告资格的认定标准狭隘且并未统一。我国应以《环境影响评价法》的修改为契机，首先，为了避免环评法律赋予公众程序参与权成为"一纸空文"，应承认及赋予公众参与独立程序权能的必要，即只要在环评中拥有参与权利的公民、法人或其他组织，当其程序权遭受来自行政机关的侵害时，即得单独据以提起诉讼以寻求救济，而不需证明因为程序权的侵害而导致实体权益的损害；其次，尽管建设项目当地的公民、法人和其他组织需要在个案中确定，但应明确在个案中予以确定的标准，可依据环评的评价范围、法定的"公众参与"的主体范围及与建设项目的时空关联性三个维度在个案中明确"当地居民"的范围，从而明确谁是适格原告；最后，基于私益诉讼在实现环境公益上的局限性，应将公益诉讼条款引进我国《环境影响评价法》，并赋予符合法定条件的环保组织提起督促行政机关履行职责的环评公益诉讼的原告资格。

第五章
环评审批司法审查的标准审视

有关环评审批是否可诉及原告资格的讨论，只是在于明确相关案件能否进入法院的门槛，只有通过门槛才能登堂入室。但是，进入法院本身并不是原告目的所在，而仅是原告要求法院对该案中的是非直接作出判决的必由之路。因此，对许多原告来说，最重要的问题并不在于法院是否愿意受理此案，而是法院采用何种形式来审理此案和作出什么样的判决。法院如何对环评审批决定进行审查，不仅涉及传统行政机关与法院任务之界限说明，亦涉及环境法上专业判断空间特殊性保障之必要与否问题。[1] 司法要在有限度的范围内对行政权进行审查，既要实现对行政权的有力制衡，又要避免对行政权的过度干预，因此司法审查的"标准"至关重要。

第一节　环评审批司法审查标准的比较法考察

对环评审批决定进行程序审查，确保了环评审批形式合法性，保障了法定环评程序的实现，但行政机关应付"走过场"式的程序不违法并非难事，其在应付法院的形式合法性审查方面亦游刃有余。而法院在审查环评审批决定时，面临着两难困境：如果进行完全的实质审查，法院毕竟是审判机构，而环评审批决定的合理与否涉及众多科技因素，这不仅对法院的审查能力是个严峻的挑战，[2] 而且有违分权制衡的精神，进而使司法审查的正当性基础发生动摇；若进行纯粹的程序审查，追求形式上的合法性对于行政机关而言并非难事，司法将无法起到阻止环评成为纯粹文书作用的

---

〔1〕　陈慈阳：《环境法总论》，中国政法大学出版社 2003 年版，第 325 页。
〔2〕　参见赵绘宇、姜琴琴："美国环境影响评价制度 40 年纵览及评介"，载《当代法学》2010 年第 1 期。

功能。如何化解这一难题，各国学界及司法实践进行了有益的探索。在一些行政诉讼和环评法制均较为先进的法域，法院开始更深的介入，即对环评程序实施具有实质性内涵的司法审查，这相对集中地体现在对行政机关规避较高密度程序装置的司法审查控制和环评审查程序实质合法性的矫正。[1] 在 Pulp Mills（Argentina v. Uruguay）判决中[2]为确定纸浆厂建造及营运后，是否对乌拉圭河的水域生态产生不良影响，国际法院详细根据双方所提供的各种化学物质的排放数据，一一仔细审查，仿佛摇身一变成为专业的国际环境法院。尽管这种法院自行审查相关数据，而没有根据《国际法院规约》第 50 条规定，任命法院外的科学专家先行对这些相关数据进行专业审查的积极态度受到一些法官的反对，但亦反映了国际法院对于环评合法性审查不仅强调形式上的程序审查，也未放弃环评合法的实质审查，该案的判决为各国环评司法审查标准的确立提供了风向标。

一、美国环评司法审查的标准

在美国，无论是自由主义的法官还是保守主义的法官都发现，要证明行政过程中的司法干预合法越来越容易，但法院往往认为他们十分缺乏专门知识和足够的时间确定专门的事实问题，因而尽量避免卷入行政丛林。关于法院介入环评程序进行审查的可行性与必要性，基本上是毋庸置疑的，但重点在于介入的程度。介入的程度太低，不但无法达到监督的效果，亦可能赔上司法的威信；介入的程度过高，则势必影响行政程序的进行，且侵犯行政机关的职权而有可能阻碍行政效率价值的实现。那么，法院是否有一套具体的审查模式对于程序规范违反进行司法审查，在确保程序正义与维持权力分立间取得最佳平衡。依美国《联邦行政程序法》的规

---

〔1〕 唐明良：《环评行政程序的法理与技术——风险社会中决策理性的形成过程》，社会科学文献出版社 2012 年版，第 259 页。

〔2〕 2003 年，乌拉圭在与阿根廷交界的乌拉圭河沿岸，许可大规模纸浆厂的建造，但没有事先告知阿根廷政府，也没有进行相关的跨境环评。2006 年 5 月，阿根廷认为纸浆厂的营运已经造成相关水域的环境及生态破坏，因此向国际法院起诉，主张乌拉圭违反两国于 1975 年所缔结的《乌拉圭河规约》以及其他相关国际条约，应立即停止纸浆厂的营运，并对阿根廷的损害进行赔偿。

定，法院的审查权利范围是很广泛的，只要任何人因政府机关行为而遭受不公正待遇，或因政府机关相关法规意义内的行为而侵害人民权利或对之有不利影响者，法院即有介入审查的权限。但美国学术界与实务界对于法院介入审查行政程序的程度仍争论不休，即美国关于环境行政已具备一套完整的程序规范，亦有强而有力的司法审查为后盾，对于法院介入的程度仍未有定论。[1]

（一）法院对环境影响是否重大的判断

在美国，一件又一件与环境管制密切相关的行政法案件，充满了各种类似"不确定法律概念"及风险控制的讨论。可以说近 30 年来，美国行政法的核心关怀之一即在于：司法权如何审查行政机关的法律适用，尤其是在法条用语模糊、不确定的情形下，行政机关对于这些法条文字的解释，法院应适用何种审查标准。正如罗斯玛丽·奥利里（Rosemary O'Leary）所指出的，法院不仅通过赋予环境法规不同的解释来影响诉讼的进行以及输赢，而且通过不同的审查标准来形塑环境政策。[2]

在美国，所拟行动需要环评必须满足两个条件：一是联邦所采取的行动；二是会对环境产生重大影响的行动。关于第一个要求，一般来说只要所拟行动是联邦政府某个机构有权加以控制的，便可以被认为是"联邦的行动"。联邦对一些所拟行动进行控制的形式也是多种多样的：有时采用提供资金加以限制；有时通过颁发许可证加以控制；有时则采用直接的联邦干预而加以控制。关于"具有重大的环境影响"的要求是难以明确的。首先什么是"环境影响"，其次此种影响到什么程度才算得上"重大"，这些问题 NEPA 并未详细规定，而是留给司法判例来回答。根据"协和爱迪生公司"一案的判决，只有当某种行为与自然环境的改变直接具有"合理的密切的因果关系"时，这种影响才有资格称为该行为的环境影响。[3]何

---

〔1〕 参见叶俊荣：《环境行政的正当法律程序》，三民书局 1997 年版，第 197 页。

〔2〕 See Rosemary O'Leary, Environmental Policy in the Courts in ENVIRONMENTAL POLICY NEW DIRECTIONS FOR THE TWENTY-FIRST CENTURY, at 152~153（Norman J. and Michael E. Kraft ed., 2006）.

〔3〕 ［美］R. W. 芬得利、D. A. 法贝尔：《美国环境法简论》，程正康等译，中国环境科学出版社 1986 年版，第 22 页。

为"重大的环境影响"？一般由受理案件的法院进行判断，法院一般采取"系统审查法"，即将"对环境的重大破坏"和"可论证的将对环境产生的不良影响"加在一起加以考虑的审查法并试图对该法的一些用语加以解释。[1]

但究竟怎样判断政府行为的环境影响是否重大或显著，在 Hanly v. Kleindienst 一案中，法院强调，这是国会留给行政机关来加以判断的，法院进一步指出，在判断重大与否时，行政机关至少应考虑两种相关事实：究竟新的决定所造成的危害与较先前既有的作为所造成的危害相差多大？对于新的决定绝对量化的危害，包括了因新作为加上既有作为所造成对该环境危害的总累积。[2]这两个标准是法院自己建构的，并非来自立法或是行政规范，但是要强调的是，法院仍未据此代替行政机关作判断。尽管行政机关有判断的权限，但行政机关必须对其判断提供足够的说理。因此，对于究竟有无显著影响，行政机关有一定的裁量权来作出判断，但说理是否充分，却是法院审查的重点所在。[3]

（二）法院审查环评的标准

关于环评的审查标准，美国不同法院在不同时期程度不一。美国联邦最高法院采取"从严审查"原则。所谓"从严"是指程序上的严格审查。在 Kleppe v. Sierra Club 一案中最高法院认为，从 NEPA 相关规定及立法过程中可知晓，其并未要求法院以自身的见解取代行政机关的专业决定，即法院扮演的角色应是促使行政机关"严肃地"考虑开发决定所可能产生的环境后果，而不是介入行政决定的形成。如此严格的程序要求也是出于遵守权力分立的考虑，目的在于避免法院取代行政机关而自行决定。[4]而且

---

〔1〕　［美］R. W. 芬得利、D. A. 法贝尔：《美国环境法简论》，程正康等译，中国环境科学出版社 1986 年版，第 23 页。

〔2〕　（cumulative harm）*Hanly v. Kleindienst*，471 F. 2d 823（2d Cir. 1972），转引自宫文祥："面对环境保护落实与环境政策形塑：试探美国联邦最高法院当为及当守之分际"，载《司法新声》2013 年第 105 期。

〔3〕　转引自宫文祥："面对环境保护落实与环境政策形塑：试探美国联邦最高法院当为及当守之分际"，载《司法新声》2013 年第 105 期。

〔4〕　427 U. S. 390，410（1976）.

环评往往牵涉高度专业性、技术性事项，法院也难以代替行政机关作出决定。因法院介入环评的目的仅在确保行政机关如实履行 NEPA 的程序要求，在个案中对于开发活动应采取何种实体标准，并非法院所能置喙。[1]

近年来美国法院对此法律见解已逐步倾向为，如果行政机关在决策中完全未考虑环评结果所记载的环境因素，则该决策便是属于恣意或任意裁量，此时法院可对该决策的相关行政记录进行审查，以确保决策过程中环境因素确实曾经扮演一定的角色。[2]在无法以精确法律文字赋予环评实质规范意义的现实下，如果继续对实质规范加以争执，也难以获得实效，转而讨论如何运用环评程序规范设计，以发挥影响实质决策环境理性的效果，反而是美国促进环评永续发展目的的唯一出路。正如有学者指出的，NEPA 并未提供可以操作的基准，以平衡环境价值与其他可能价值，应该是美国最高法院拒绝在个案中进行实质审理的根本原因。但基于正当程序的要求，或者说对于正当程序的深刻认识，美国法院在面对诸多具体环评司法审查案件时，并非如一般大陆法系学者所认为的，总站在尊重行政专业的前提下，对行政机关的决策过于宽容、甚至放纵。相反，司法机关，尤其是联邦最高法院，一方面不介入依权力分立而专属行政部门的权限，另一方面通过程序控制，包括对于行政部门应有充分说理的教示义务要求，确保了权力部门之间应有的平衡。与此同时，亦促使行政部门的决策更具正当性、专业合理性以及提高了公众的可接受度。

在美国，在环境领域因涉及科学与专业问题，法院实际所采取的审查方式，并非真正介入科学的议题，而是从程序方面尽到其监督、制衡的角色。而这又促使行政机关为避免其决定被法院推翻，积极进行信息的搜集、分析、寻求公众的评论以及详细地进行解释与说明。如此通过具有实质内涵的程序控制达到监督与制衡，既不侵犯其他权力部门权限又落实环

---

〔1〕 Joel S. Jacobs, "Compromising NEPA? The Interplay between Settlement Agreements and the National Environmental Policy Act", Vol. 19 *Harvard Environmental Law Review*, 1995, p. 156.

〔2〕 See Jason J. Czamezki, "Revisiting the Tense Relationship Between the U. S. Supreme Court, Adiministrative Procedure, and the National Environmental Policy Act", 25 STAN. ENVTL. L. J. 3, pp. 5~12 (2006).

境保护要求的方法，使得法院在发挥保护环境作用的同时赢得了公众的信任。

二、德国环评司法审查的标准

在德国，法院对行政行为的监督依据行政行为的性质在方式和强度上有所不同。法院广泛监督受约束的行政决定，而如果行政机关经法律授权可以根据自己的自由裁量权采取行动，情况就不同了。在权衡、评价、估量领域，司法监督是难以企及的，法院有所作为的领域便是：是否存在这种裁量授权以及裁量的外部限度是否得到遵守；该决定是否建立在合理权衡的基础上；进行自由裁量时是否正确考虑到了该考虑的情况；是否进行了相应的权衡以及权衡是否是在不受与案件无关的影响下作出的。[1]德国法院在审查涉及环评程序的行政许可时，如行政决定的作出涉及不确定法律概念，法院往往需要审查行政判断是否存在瑕疵。行政判断的瑕疵有以下三种：一是判断逾越。这是指行政机关所应适用的法律概念或法律框架已经被逾越的情形。法院得审查，法律概念是否被适当解释。只有当行政机关的相关解释已经构成恣意时，法院可认定其违法；若行政机关所为的预测已经达到明显错误程度，则构成判断的逾越。二是判断不足。为完成法律所赋予的判断，行政机关须为必要的衡量，而此衡量须以行政机关对于该个案相关利益已有广泛的调查与评价为基础，当行政机关并没有认识到在具体个案中存有判断余地或重要的判断观点被遗忘时，便构成判断不足。三是判断滥用。对于法律所赋予的行政判断的界限，若行政机关出于故意或过失而未遵守，便构成判断滥用。当一般有效的评价标准或合乎事理考量的要求未获遵守，或当行政机关纳入与该案件不相干的考量，或违反平等原则，或其他基本人权被侵犯，均属于判断滥用。德国进一步地发展，尝试从宪法权力分立与行政自主性、行政效率出发，而检讨行政机关的判断余地，其中尤以"授权规范理论"最为盛行。该理论认为：立法者

---

〔1〕［德］韩内特："德国的行政司法"，杜涛、王建斌译，载宋冰编：《程序、正义与现代化——外国法学家在华演讲录》，中国政法大学出版社1998年版，第73页。

决定行政机关是否以及在何种程度上享有判断余地。就此，立法者无须于法条中直接规定，但可透过立法目的、相关法文构造以及决定主体的组织、程序、标准等进行明示。但"授权规范理论"遭遇的困难非常明显，因为立法者鲜有针对不同领域详细规范司法控制标准。德国相关理论进一步自1990年起经由联邦行政法院的裁判与学界的释义而受到修正。于基本权受到严重干预的类型，行政法院不得以事涉判断余地为理由而任意弃守。以重要基本人权的严重干预当作标准，而发展出高强度的司法控制。

环评涉及法律适用与专业判断问题，而德国学界与实务界近20年来一直在不断回应"法院究竟应该如何面对专业"的问题。这是一个法院应在何种程度上承认判断裁量，又如何采取相应的审查标准的问题。不过，从相关讨论至今方兴未艾的形式看来，主流观点所提供的解决方案由于始终僵持在"何种决定归属于行政专业"与"何种决定归属于法院"两者间的拉锯，显然还无法理清各种"法律如何面对专业"的争议。在司法实践中，联邦宪法法院于1982年7月8日Sasbach BVerfGE案[1]中指出，主管机关依《联邦原子能法》规定需进行调查时，例如有关项目所采取的措施是否合乎预防危险发生的必要性、主管机关要求建设单位采取的防护措施是否合乎科学与技术的水平、要求建设单位所采取防范不正常营运情况发生的措施是否充足等有决定权，法院只得审查其合法性，而不是以自己的自我评价来加以取代。在1988年1月14日Muelheim-Kaerlich判决中，联邦行政法院一方面固然强调，《联邦原子能法》第7条第3项已经决定将风险评估责任交由行政部门，行政法院只能依现行的科学技术，去审查主管机关是否已充分调查事实并以此作为评价基础。[2]由上可知，德国联邦宪法法院与联邦行政法院采取一定的审查强度：虽不以法院自己的调查与评估取代行政机关的判断，但仍需审查行政机关有无应调查而未调查的事

---

〔1〕 Sasbach BVerfGE 61, 82 (114f.); vgl. Hoppe/Beckmann, aaO., §13, Rd. 77; Michael Kloepfer, Umweltrecht, 3. Aufl., §8, Rd. 71, 转引自黄锦堂："高度科技专业性行政决定之司法控制密度"，载《东吴法律学报》2009年第1期。

〔2〕 黄锦堂："高度科技专业性行政决定之司法控制密度"，载《东吴法律学报》2009年第1期。

项。因核能电厂的设立所涉及科技风险与古典警察法上危险防御不同，主管机关须倾听学界意见并就各种可能情形预先防范，此外，其也得审查决定作出的资料是否充足以及评价方法上有无矛盾或明显不当。

另外，德国在许可建设项目开发时，是否对环境有重大影响只是权衡利益之一，并非具有优先考虑的地位，所以行政机关必须使用利益衡量方法最终确定是否批准建设项目的开发。而利益衡量是否适当亦是法院审查的对象。德国联邦行政法院在司法实践中形成了"衡量瑕疵理论"，如存在以下四种情形之一，利害关系人可诉请撤销或变更行政决定：一是根本未进行利益衡量；二是衡量时未考虑相关因素，行政机关依据事物的基础，对有关权益未作衡量，这主要发生在信息收集阶段，行政机关在决定个别利益是否纳入衡量时产生误判，以致忽略应予以衡量的信息；三是衡量时的错估，行政机关对于有关权益的重要性作出错误的评估；四是衡量时的不合比例，如果牺牲特定利益无助于实现利益衡量决定视为优先的利益，或者被牺牲的利益与被实现的利益之间比例明显不相当，即属于此种衡量瑕疵。虽然德国行政法院认为，无论衡量的过程或衡量的结果，在审查衡量是否有误时都应注意，但由以上四种情形看，其实是偏重于衡量过程的审查。在立法者制定的目的纲领，所提供的标准非常空泛的情形下，法院必然难以依据如此空泛的标准审查实质内容，而对衡量程序的审查，将有助于确保利害关系人有效地运用环评程序，并依此作为补充权利保障的重要手段。

在德国，因为程序规定旨在辅佐实体法的实现，仅具有辅助性地位，程序规定只是手段，并非目的本身，所以法院在审查环评时，没有放弃程序审查，依然将审查重点放在实体审查上，加强了行政行为的合理性审查。

三、对我国的启示

德国、美国均认识到，环评法律中存在许多不确定概念，法律无法以精确的文字明确规定在何种环境影响下应采取实质或减轻措施，又在何种环境影响下应放弃开发项目。而且环评审批涉及科技专业性，行政机关在作出判断时享有大量自由裁量权，因此程序保障规定的遵守显得更为重要，法院即应提高对于程序规定是否被完整贯彻的控制。关于实体审查，在审查方法上，法院应以原告及被告提出的事证资料为范围，尽量避免积极行使职权调查。这种审查方式的优点在于避免法院另外作出价值判断，而取代了行政机关的判断，而单纯从被告——行政机关自己的书面资料来判断是否有判断瑕疵。重视程序审查的观点不仅被美国、德国所接受，亦是全球趋势。全球行政法学界普遍认为事先告知及给予表达意见机会的权利，已经是各国行政程序法必备的最低程序规范要求。《奥胡斯公约》明确阐述人民在环境决策中有知情、获取相关信息以及参与的权利。而且从依法行政原则来看，司法权依法对于行政权的行使进行审查是宪法所赋予的职责，即便行政权的行使涉及专业判断，也应遵守依法行政原则，而且解释法律是司法权的职责，司法权亦应责无旁贷的予以审查以为人民基本权利提供周全保护，而这亦与欧盟法院的态度相吻合。就复杂的涉及科技的案件，欧盟法院的审查限定于相关程序的遵守，以及行政决定所依据的案例事实有无适当调查以及有无明显的错误评价及裁量滥用。欧盟法院的另外一个审查重点在于争议行政处分的理由说明，而且针对行政机关所提说明逐点审查。

在环境保护的领域上，法院的功能不可或缺。环评制度的设计，是源于美国多元主义理解的"程序型管制措施"，以程序为核心价值，环境行政机关环评审批决定是否正确取决于适当的程序中多元价值的沟通与互动。[1]环评这一"程序型管制措施"，在我国强调实体保障的制度理念与运作下，经由司法实践的运作而被弱化。弱化的直接后果便是，环评中由于行政权缺乏制约，环评审批决定容易演变成欠缺实效的走过场，并且通过环评程序表达利益诉求的开发项目附近的居民因环评程序流于形式而被边缘化，其利益在行政机关作出环评审批决定时往往被忽略，难以成为影响环评能否通过的因素。

不论是"判断余地"或裁量，都不意味着在此领域内的行政行为不受

---

〔1〕 ［日］盐野宏：《行政法》，杨建顺译，法律出版社1999年版，第229~230页。

法院审查，而是不受法院"完全审查"，或者说，只受法院"有限审查"，即明确法院进行审查时的审查范围或是"审查强度"。即便是在环评这种高度科技专业的案件中，法院仍需确保行政机关不会出现恣意、专断和滥用权力的情形。若环评是基于明显的事实、信息错误，乃至忽略环境因素、欠缺理论基础，都将遭受撤销的命运。因此，为制约行政权的需要，在借鉴其他国家（地区）经验的基础上，必须对我国环评审批司法审查的标准进行完善。我国法院对于环评审批决定不应完全尊重行政机关的决定，而是应将审查的重点放在程序上，即法院对于环评审批决定的监督，对程序行为的审查强度应该高于实体决定。[1]

第二节 我国法院对环评审批实体审查的完善

重视程序审查并非意味着法院完全放弃实体审查。法院不仅应审查环评审批是否违反实体法的规定，同时应审查环评审批是否存在明显恣意、疏忽。法院并非代替行政机关进行行政决定，而仅对于行政决定作出过程中的论理与事实是否悖于理性、是否恣意妄为进行审查。如果行政机关的决定考虑了法律禁止考虑的因素，或遗漏应考虑的重要因素，或者其陈述理由与依据证据不符，或者显然无法以观点不同而证明是正当的，法院应撤销该环评审批决定。

一、符合实体法的标准

世界各国的环评基本上被定位为程序规范。之所以会有如此趋势，并非是各国不愿将环评定位为实质规范，主要是因为在法律上、技术上或社会共识上，都难以精确定义环评的实质规范内容，也无法付诸实施。比如NEPA规定了国家环境政策，但是无法以法律所需要的精确文字，明确规定在何种环境可能损害情形下，决策机关应采取措施避免环境损害；又在

---

〔1〕 林宗浩："韩国环境影响评价的司法审查制度"，载《中国法学会行政法学研究会 2010年年会论文集》，第 196 页。

何种环境可能损害情形下，决策机关应废弃拟议行动。[1]尽管环评的实质规范在许多情形下难以为行政、司法提供明确指引，但是依然有诸多实体法规则约束着环评，为司法审查提供实体法依据。

权力构造与运作的差异，投射到司法审查的命题上，无可否认的前提是：行政有"专业"，但不得"恣意"。司法部门对于涉及专业判断的，应当给予行政机关一定的裁量空间。司法审查的重点在于行政的"合法性"与"合宪性"，而非决策的"睿智"与否。[2]关于环评审批决定是否合法，可以依据《环境保护法》《环境影响评价法》以及《建设项目环境保护管理条例》等相关法律法规规定的实体内容进行判断。在环境法上，所谓环境影响主要判断标准，在于适用并解释环境单行法上的"环境要求"，较具体的标准即是各项环境标准。各项法定的环境标准亦是法院进行实质审查的依据。就法律关于环评制度的规定本身而言，主要还是程序性的，但环境标准等环境法上的规定是行政机关进行实体决策的实体依据之一。[3]之前，环评文件能否通过完全由生态环境主管部门依据个案具体判断，但为抑制行政机关的自由裁量权，2017 年修订的《建设项目环境保护管理条例》明确了生态环境主管部门不予批准的五种情形。同时，该条例第 11 条规定了建设项目有下列情形之一的，环保部门应当对其环境影响报告书、环境影响报告表作出不予批准的决定：一是建设项目类型及其选址、布局、规模等不符合环境保护法律法规和相关法定规划；二是所在区域环境质量未达到国家或者地方环境质量标准，且建设项目拟采取的措施不能满足区域环境质量改善目标管理要求；三是建设项目采取的污染防治措施无法确保污染物排放达到国家和地方排放标准，或者未采取必要措施预防和控制生态破坏；四是改建、扩建和技术改造项目，未针对项目原有环境污染和生态破坏提出有效防治措施；五是建设项目的环境影响报告

〔1〕 See Matthew Cashmore et al, "The Interminable Issue of Effectiveness: Substantive Purpose, Outcomes and Research Challenges in the Advancement of Environmental Impact Assessment Theory", 22 IMPACT ASSESSMENT&PROJECT APPRAISAL 295, 296 (2004).

〔2〕 李建良："永续发展与正当程序"，载《月旦法学杂志》2015 年第 240 期。

〔3〕 汪劲：《中外环境影响评价制度比较研究——环境与开发决策的正当法律程序》，北京大学出版社 2006 年版，第 72 页。

书、环境影响报告表的基础资料数据明显不实，内容存在重大缺陷、遗漏，或者环境影响评价结论不明确、不合理。

除此之外，环评还必须遵循环评技术规范。环评技术规范是环境行政机关用以评判编制完成的环评文件在内容、程序和方法上是否合理的判断依据。环评技术规范一般由国务院主管部门依据法定程序制定并颁布。与繁杂的立法程序相比，标准的制定行为相对较简单且无须过多征求公众意见。因此，非经国家法律、行政法规的指引、准用，非经法律规范将其确立为行为模式并明确其法律后果，环评技术规范不具有任何法律强制力和拘束力，即环评技术规范的制定行为属行政行为而非立法行为。但一旦技术规范为法律、法规所确认、指引并准用，它们将会成为法律规范的延伸或具体，会借助法律规范而享有强制力和拘束力。因此，理论上，标准的制定行为与标准的适用行为一样应当具有可诉性，并应当接受立法和司法的监督。[1]为提高环境行政决策的效率、减少行政机关对各类环境利用行为的审查程序，立法机关须授权环境行政机关制定专业性较强的科技标准规范。随着科技的发展，现有的标准规制水平会逐渐降低，需要对标准进行动态调整以适应改变。不断发布的环评技术规范可弥补环境立法的不足，这反映了人类活动与环境要素间的动态关系，体现了法律规范在适用上的预见性、确定性。当公众认为环评审批的对象——环评文件本身存在重大实体上的错误时，法院进行审查可以依据的实体法规范中，环评技术规范和标准又决定了环境行政机关的行政行为本身是否正当、合法。[2]

二、可为科学同行接受的标准

环评审批虽然是一项决定，却是由许多个别判断累积组成的结果。如将审查中的个别判断拆解出来分别审查，可以发现固然有些部分确实涉及高度的科技专业性，但许多部分可能依一般人的能力即可以理解和判断，

---

〔1〕　汪劲：《中外环境影响评价制度比较研究——环境与开发决策的正当法律程序》，北京大学出版社 2006 年版，第 276~277 页。

〔2〕　汪劲：《中外环境影响评价制度比较研究——环境与开发决策的正当法律程序》，北京大学出版社 2006 年版，第 276 页。

甚至更多的判断往往依赖于法律专业作出。如果不将环评审批中的个别事项分别审查，可能给行政机关假借专业之名，通过整个环评判断掩盖对于建设单位经济利益的过度考量的机会。对于行政官员过度的依赖会造成行政的专断与独裁。尤其许多看似纯粹科学性、技术性的问题其实包含了价值判断，因此即使是最技术性的问题也必须公开在科技专业的讨论与公众的参与之下。法官本身并不合适决定这些包含价值判断的科技问题，但可以借助科学同行与通过对于程序的监督，确保行政决定是在一个完整、充足与理性的沟通过程中作出。增加政府之外科学家对规制过程的参与，不仅会改进质量，还会增加与政策相关的科学问题的客观性。〔1〕为此，可通过以下两种方法判断行政机关的专业判断是否为科学同行所接受。〔2〕

第一，引入专家证人。事实上，涉及高度科技专业的诉讼并非只有环评审批案件，法院基本上只要处理好举证责任分配及证明度标准设定，当事人自然会想尽办法以使法官明了的方式出示证据与论理。既然行政机关配备了专业人才，自然可以要求其以简单易懂的方式在法庭中进行举证说理，不应容许行政机关以法院不懂专业知识为借口而规避举证责任。面对行政机关片面的证据出示与说理，法院可能欠缺抗衡的知识基础，难以发现问题。对此，可以通过允许原告和被告各引入专家学者进行辩论，协助法院审查环评文件或行政机关所宣称的专业陈述是否真的站得住脚。即便是合理评价标准，比如漏掉未考虑的因素对于环评是否重要等，仍无法回避科学专业的论理。事实上，原、被告间的专家对于环评文件的专业攻防是无法避免的。在美国的司法运作中，科学知识之提供必须由原、被告自行提供专家，在法庭上其科学知识之证言需经交互诘问的程序，而其判断可靠性的依据在于是否经过同行的检验与认可。

第二，设立环评审批司法审查专家库。法院应根据环评需要负责建立一个涉及所有环评领域的专家库。在每一次具体案件的审理过程中，由法院从符合条件专家中随机挑选若干名专家组成专家团，对案件涉及的环评

---

〔1〕 〔美〕希拉·加萨诺夫："科学型规制中的程序选择"，宋华琳译，载姜明安主编：《行政法论丛》（第12卷），法律出版社2009年版，第225页。

〔2〕 除此之外，还有本书第三章所提及的专业鉴定及专家陪审。

审批是否符合科学规律进行评估，专家团的工作不受行政机关的干预，其活动的经费纳入法院的财政预算。专家团作出的评估结论作为法院裁决的参考依据。[1]

在环评中，环境、生态科学知识的确定性很低。不同的调查、检测、预测方法，即便都是合乎科学标准的，然而所得到的结论可能千差万别。由科学同行检验其环评之方法的合理性，目的在于使环评专家、环评文件撰写者，面对同行的监督与质疑，使其不至于以"科学"为遮羞布而欲蒙混、欺瞒，从而有效克服在项目环评程序中专家的角色被"异化"的危险。

总之，在对环评审批进行司法审查时，法院不能自动缴械，仍须先确认行政机关是否已经将各种环境因素纳入决策考量，并且没有重大明显的判断错误。行政机关固然有判断的权限，但行政机关必须对其判断提供足够的说理。因此，对于环境究竟有无显著影响，行政机关有一定裁量权限进行判断，但说理是否充分，则是法院审查的重点。[2]无论是否涉及专业或科技预测，除了从实体法及可为科学同行接受标准进行实体审查外，法院最基本的工作就是"程序合法性"的把关，不能动辄以该事项涉及专业性、技术性等而拒绝审查。

第三节　我国法院对环评审批程序审查的完善

由前文观之，虽然各国法律所规范的行政行为类型不一，行政程序的要求繁简有别，给予人民表达意见的机会以及参与行政决定的程度更是不同，但其目的是一致的：希望通过程序规范来发挥对实体行政决定的监督效果。法院对行政行为的审查，对程序行为的审查强度应高于实体决定。行政行为的程序要求是当代行政国家下立法者及司法者真正可以控制行政

---

〔1〕　孙新见："我国环境影响评价的司法审查研究"，华东政法大学2012年硕士学位论文，第29页。

〔2〕　宫文祥："面对环境保护落实与环境政策形塑：试探美国联邦最高法院当为及当守之分际"，载《司法新声》2013年第105期。

专家的重要手段。[1]正如美国学者所意识到的："行政程序法的主要效果是满足政治改革的意愿，提高和加强行政过程，强化行政过程中的一致性，以及保持对行政行为的司法审查的基本限制。"[2]可以看出，司法制度可能是控制行政人员行为违法的最权威工具，因而法院对任何违反正当程序要求的行政人员来说常常是一种威胁。

一、程序合法性审查及其缺陷

当前我国法院的程序审查主要审查行政程序是否符合法定程序的要求，这是法院通过诉讼程序对行政行为是否遵守法定行政程序的一种权威性评价。

首先，"法定程序中的'法'不仅包括法律、法规和规章，还包括规范性文件"。[3]此语境下的法定行政程序在具有正面功能的同时，也不可避免带来了负面的影响，因为"法定程序"的另一层功能就是否定和排除，行政主体和法院可能以"法定"为借口限制行政相对人的最低限度的程序权利。由于制定法的"门槛"具有排除功能，限制了相对人的程序权利，尤其是听证权利。如在行政执法中，行政主体通过行政规章和规范性文件，确立了行政听证的受案范围，这就变相剥夺了听证权。而在司法裁判中，法院又经常适用行政规章和规范性文件作为判断行政执法合法与合理的依据。[4]

其次，尽管《行政诉讼法》规定要审查行政行为的程序是否合法，但因我国没有制定行政程序法，有关行政程序的规定要么欠缺，要么散见于单行法律、法规中，而且极少数的规定中，大多数较为原则，可操作性不强。[5]因程序立法的不足，程序合法性审查亦存在问题。正如第二章所论

---

[1]　叶俊荣：《环境行政的正当法律程序》，三民书局1997年版，第196~198页。

[2]　Kenneth Culp Davis and Richard J. Pierce，JR.，Administrative Law Treatise，3rd ed.，vol. 1 (Boston：Little，Brown，1994)，p. 14. 转引自［美］肯尼思·F. 沃伦：《政治体制中的行政法》，王丛虎等译，中国人民大学出版社2005年版，第191页。

[3]　于立深："违反行政程序司法审查中的争点问题"，载《中国法学》2010年第5期。

[4]　于立深："违反行政程序司法审查中的争点问题"，载《中国法学》2010年第5期。

[5]　何海波："司法判决中的正当程序原则"，载《法学研究》2009年第1期。

述的，因法定程序规范模糊，其常被建设单位、行政机关利用作出对自己有利的解释或予以规避，使得行政机关在作出决定时往往违反程序正当的要求。环评程序合法性审查，确保了环评形式合法性，保障了法定环评程序的实现，但因法定程序的混乱和模糊不清，使得行政机关应付"走过场"式的程序不违法并非难事，其在应付法院的形式合法性审查方面亦游刃有余。因此，在一些行政诉讼和环评法制均较为先进的法域，法院开始更深地介入，即对环评审批程序实施具有实质性内涵的司法审查，这相对集中地体现在对行政机关规避较高密度程序装置的司法审查控制和环评程序实质合法性的矫正。这启示了我国环评审批的司法审查标准应进行改革。我国法院应加强环评审批的程序控制，不仅应考虑程序是否合法，更应该考虑程序是否正当。

二、程序正当性的审查

不具科技专业的司法部门否决行政部门的科技专业判断，表面上似有"外行凌驾专业"之不可思议现象。然则，从权力分立的角度来看，环境问题的解决应由哪一个权力部门决定才是关键的问题。司法部门有法律的解释权、行政部门有法律的执行权，立法部门如何对之进行法的遥控或操纵？如果说环境立法大量授权行政部门已成为无可逃脱的宿命，那么，"正当程序"的建构与严守，并以之作为确保法治行政的遥控器及操纵杆。[1]

（一）正当行政程序

就司法审查标准而言，除了程序的合法性之外，程序的正当性亦非常重要。程序正当性的作用在于以此为标准评价和考察某一行政程序是否合乎理性、是否能被司法认可等，故正当性是司法审查的判断标准之一。[2]在民主法治国家，程序理性不能建立在隐晦的沟通或片面的宣传上，而必须强调"公开""参与""说理"，这显然与传统行政决策不同。纵观各国

---

〔1〕 李建良："永续发展与正当程序"，载《月旦法学杂志》2015 年第 240 期。
〔2〕 江必新："行政程序正当性的司法审查"，载《中国社会科学》2012 年第 7 期。

行政程序制度，"正当行政程序"大致包含四要素（从行政机关的义务角度来看）：公开告知义务、举行听证的义务、公正作为的义务、说明理由的义务。

公正作为义务源于"任何人不得在自己案件中充当法官"的法谚，包含回避、禁止片面接触及组织适法。这就要求行政机关在作出决定时，行政机关组织应符合法律规定，且相关利害关系人应回避决策过程，且应避免在程序之外单方面接触相对人，影响行政决策。公开告知义务是指为了使"行政程序的当事人与利害关系人及时获悉与其利害攸关的事实及决定而课予行政机关的义务"。[1]行政机关在作出终局行政决定后，应将其决定内容及救济途径告知程序当事人或利害关系人，使当事人或关系人知悉行政决定的内容，并依告知的内容对其发生效力，在认为自己的合法权益遭受侵害时可依法提起救济。公开是对抗专断地运用裁量的重要武器之一，因为"阳光是最好的防腐剂，电灯是最有效的警察"。以戴维斯为首的学者们指出，通常控制行政权最好的方式就是确使行政行为公开进行，以便每个人都有机会监督和判断行政行为的适当性，阳光下的公开行政裁决程序会为反对行政专断提供最好的独立性保护。[2]当事人得就可能的"不利决定"进行答辩，称为听证权，其源于"两造兼听"的理念。行政机关在作出行政决定前，应给予当事人答复、辩解或说明的机会，是正当行政程序的核心。

（二）法院应审查环评审批程序是否正当

环评法律法规与其他环保法律法规相比差别在于：提高了事前的注意义务和管制，以及落实了预防原则。而这样的预测与判断都需要依赖专业的预测方法与调查事实，立法者因此希冀由具有专业性的行政机关来完成此预测与调查。立法者利用了相当复杂的程序步骤要求和确保行政机关的行政决定能够正确。各国环评法律立法目的在于，通过规定程序机制提升程序理性，以弥补实体理性的不足，使得以科技为本位的实体理性与政治

─────

〔1〕 赵威、孙放："风险社会对现代行政法的挑战"，载《经营与管理》2007年第2期。

〔2〕 ［美］肯尼思·F.沃伦：《政治体制中的行政法》，王丛虎等译，中国人民大学出版社2005年版，第422页。

为本位的民主理念能有效调和。而环评程序正是正当行政程序在环境行政中的具体存在，对于行政机关在环评审批过程中是否滥用权力，而导致人们的权利受到侵害，可由法院通过审查其权力行使过程是否符合正当行政程序实现行政权控制，以保护人们的合法权益尤其是基本权。承受环境危害风险与精神痛苦的为当地居民、相关组织甚至全体国民，环评不应被视为仅存于建设单位与环境行政机关之间的程序，应落实公正、公开与民主程序。同时为避免此程序尤其是公众参与沦为毫无实质内容的形式，应善用环境诉讼，使法院可对环评审批程序介入审查，有助于程序的控制，可以避免过度的开发。我国司法在审查环评审批程序是否正当时，应从环评信息是否充分公开、公众是否有效参与、审批机关的组织是否正当这三个层面展开。

1. 环评信息是否充分公开

环评相关信息能否充分公开，关涉公众能否有效监督行政行为与维护自身权益。尽管相关法律已规定了环境信息公开的内容和方式，但因为过于粗略，所以应由法院在具体个案中对于环评信息是否充分公开进行审查，有必要对信息公开的相关法律条文作出符合正当行政程序的解释，使得信息充分公开，必须足以为公众（尤其是利害关系人）所知悉。

一是公开的环评信息是否真实、全面。如果环评机构想谋求环评文件的顺利通过，其最佳选择便是在环评文件中弄虚作假，缩小建设项目的生产规模，同时对相关环境监测数据予以造假，对相关可能影响的环境要素忽略不计，最后得出了对环境影响不大的结论。企业是环境信息公开的直接利害关系人，大多数企业本来就不想公开环境信息。即使在法律的规范下不得不公开环境信息，也往往是报喜不报忧，对所产生的环境问题往往报轻不报重，有的甚至故意弄虚作假，使得公众对其发布的环境信息难以相信。据调查公众更相信环保社会组织和科研机构发布的环境信息，62.86%的公众信赖环保社会组织发布的环境信息，60.95%的公众信赖科研机构发布的环境信息；对中央政府发布的环境信息的信赖程度超过地方政府；对企业自己发布的环境信息表示信赖的公众竟然未超过 5%，只有

3.81%。[1]而建设单位、环评机构及生态环境主管部门如欲逃脱公众监督，其必须在环评信息的公开上做手脚，要么信息公开不全面，选择此部分公开，而彼部分不公开；要么公开的是虚假的信息。所以，法院应审查环评信息的公开是否真实、全面，否则就可能构成程序不当，即作出的行政行为存在程序违法，而不能仅审查信息是否从形式上进行了公开。

二是环评信息的公开方式是否足以让公众所知悉。一直以来，立法规定的环评信息公开方式可选择性空间太大，导致建设单位、环评机构甚至环境行政机关往往选择在其看来最为便利但未必便于公众查阅的方式发布环评信息，有时甚至是有意遮遮掩掩，认为"知情者越少，麻烦越小"。2018 年生态环境部颁发的《环境影响评价公众参与办法》第 11 条规定，建设单位应当通过网络平台、建设项目所在地公众易于接触的报纸以及在建设项目所在地公众易于知悉的场所张贴公告的方式公开环评信息。但法院在审查时，必须在个案中具体查明，信息公开的方式是否足以让利益受影响者所知悉，比如在行政机关网站或者当地报纸上公布，而网站或报纸的受众面是否普及到所有的利益相关者？或者在利益相关者出入场所张贴通知、公告，张贴时间是否足够利益相关者所阅读？如果答案是否定的，那么，法院应认定，信息公开方式不恰当，存在程序违法。

2. 公众是否有效参与

在环评制度的运作中，至少应该使可能受到建设项目影响的当地居民有陈述意见和表达想法的机会，同时行政机关必须对该意见的提出有所回应。在作出环评审批决定之前，只有使公众参与环评程序，公众的权利或利益才有被合理考虑的机会。若要让环评的实施一方面具有牵制开发行为的效果，另一方面又不至于禁止开发行为，则针对牵涉利益往往非常复杂广泛地开发行为，环评广纳各界意见公众参与的制度设计，势必将更有助于环境行政机关在决策过程中的利益衡量，实现环境保护与产业开发两者的兼顾与平衡。环评程序的核心是公众参与，加强法院对环评审批的程序

---

[1] 王灿发："从一项环境信息可信赖度调查结果谈环境信息公开管理制度的完善"，载《世界环境》2017 年第 3 期。

审查，尤其是保障公众参与的有效实现，从而影响并有助于提升环评审批决定的正确、合法与正当性，最终落实法治精神，促进民主参与理念的实现。长期以来，我国环评审批较注重科学技术性，对维护人民权利的程序是疏忽的。以举行听证会为例，法律往往仅规定建设单位应当在报批建设项目环境影响报告书前，举行论证会、听证会，至于参加听证会的公众范围、听证会意见或记录如何影响环评审批，皆付之阙如，使得法院无法通过审查进行环评程序的资料来判断环评审批决定是否充分考虑各相关利益，尤其是环境利益。

对于公众是否有效参与的判断，法院应重点审查公众范围的确定是否合理、公众参与的方式是否恰当以及公众意见是否被有效回应和吸纳。首先，根据《环境影响评价公众参与办法》第 5 条的规定，建设单位应当依法听取的意见，即将公众参与的主体界定为环境影响评价范围内的公民、法人和其他组织。确定公众参与主体范围的关键就是确定环境影响评价范围，若评价范围客观科学，则可以将受建设项目影响的公众皆纳入参与主体范围，但实践中，建设单位常常通过各种方式缩小评价范围，使得利益受到建设项目影响的公众被安排出参与范围之外。所以，法院应通过司法审查，督促生态环境主管部门在建设项目环境影响评价范围的确立上认真审查，确保利益受有影响的建设项目附近的公众皆能参与环评程序，表达自己的意见。当这些主体的参与权被剥夺时，亦是侵犯了其程序性权利。其次，虽然我国《环境影响评价法》第 21 条[1]规定了公开征求公众意见的方式。但采取何种形式的参与，是最严格的听证还是语焉不详的"其他形式"由建设单位等自行选择。在实践中绝大多数单位采取调查问卷的形式。法院在审查时应坚持，不管选择何种参与方式，都必须能确保利益相关者的意见能被充分表达、不同意见能够充分交流和辩论。比如，采取调查问卷的方式，关键要审查问卷的对象是否是利害关系人，是否具有代表性，问卷所设置的选项是否诱导或排除了公众意见的表达。即法院在审查

---

[1]《环境影响评价法》第 21 条第 1 款规定："除国家规定需要保密的情形外，对环境可能造成重大影响、应当编制环境影响报告书的建设项目，建设单位应当在报批建设项目环境影响报告书前，举行论证会、听证会，或者采取其他形式，征求有关单位、专家和公众的意见。"

行政机关所选择的参与形式时，必须从确保公众有效参与的角度出发，对参与方式是否正当作出判断。最后，法院不仅应审查生态环境主管部门是否对公众意见逐一回应，是否公开说明行政决定的理由，同时应审查生态环境主管部门是否对建设单位递交的公众参与说明及公众参与程序的合法性予以审查。在环评中，为了避免民众的参与沦为有名无实，应要求其意见可以影响决策的形成。因此，行政机关作出决策时，如不采用公众的意见，或认为公众意见有失偏颇，即应对所有的意见逐一回应，以使公众的意见获得尊重。除此之外，在公众参与之前或之后进行信息公开时，行政机关或建设单位有说明理由的义务，即对其作出的行为的法律依据、事实认定的理由作出说明或解释，据此公众可判断行政行为是否合法妥当。

3. 审批机关的组织是否正当

行政组织的理性设计有助于作出公平、正确的环评审批。面对环评这类"决策于未知"的复杂事项，不少国家或地区对环评审查的组织架构设计有别于一般行政事务。我国的环评审批机关为各级环境行政机关，法规范外存在一种惯例，在环境行政机关审批过程中增加专家评审环节。法院应从如下两个方面审查审批机关的组织是否正当：一是行政机关是否是适当的审批机关。《建设项目环境影响评价文件分级审批规定》（2008 年）规定了各级环境保护部门负责建设项目环境影响评价文件的审批工作。[1]此外的建设项目环评文件的审批权限，属于省级环境保护部门或由其提出分级审批建议。[2]法院必须审查环境行政机关是否是适格的环评审批机关，

---

［1］ 这些审批工作包括：原环境保护部负责审批核设施、绝密工程等特殊性质的建设项目；跨省、自治区、直辖市行政区域的建设项目；由国务院审批或核准的建设项目，由国务院授权有关部门审批或核准的建设项目，由国务院有关部门备案的对环境可能造成重大影响的特殊性质的建设项目。参见《建设项目环境影响评价文件分级审批规定》第 3 条、第 5 条。

［2］ 参见《建设项目环境影响评价文件分级审批规定》第 8 条："第五条规定以外的建设项目环境影响评价文件的审批权限，由省级环境保护部门参照第四条及下述原则提出分级审批建议，报省级人民政府批准后实施，并抄报环境保护部。（一）有色金属冶炼及矿山开发、钢铁加工、电石、铁合金、焦炭、垃圾焚烧及发电、制浆等对环境可能造成重大影响的建设项目环境影响评价文件由省级环境保护部门负责审批。（二）化工、造纸、电镀、印染、酿造、味精、柠檬酸、酶制剂、酵母等污染较重的建设项目环境影响评价文件由省级或地级市环境保护部门负责审批。（三）法律和法规关于建设项目环境影响评价文件分级审批管理另有规定的，按照有关规定执行。"

是否拥有该建设项目环评文件的审批权限。二是专家的产生及构成是否适当，法院应审查专家是否从省、设区的市环境行政机关设立的环评审查专家库内的相关专业、行业专家名单中，以随机的方式确定，而且专家人数不少于审查小组总人数的二分之一。同时应根据"任何人不能做自己案件的法官"的公平理念，法院应审查参加审查小组的专家是否与为环评提供技术服务的机构存在利益关系，如果存在利益关系，专家的意见很可能受到利益的影响，从而影响其意见的客观性。法院应审查与环评存在利益关联的专家是否进行了回避，同时，专家的活动应当公开，活动记录应当完整地保存，意见的推理过程应当详细说明。通过详细的公开，既可以最大限度地防止专家意见被操纵，也可以使专家意见处于可评价、可讨论的过程中，从而通过竞争性的观点而得以完善。[1]

第四节　小　结

不论是"判断余地"或裁量，都不意味着在此领域内的行政行为不受法院审查，而是不受法院"完全审查"，或者说，只受法院"有限审查"，即明确法院进行审查时的审查范围或是"审查强度"。即便是在环评这种高度科技专业的案件中，法院仍需确保行政机关不会出现恣意、专断和滥用权力的情形。环评制度的设计，是源于美国多元主义理解的"程序型管制措施"，以程序为核心价值，环评审批是否正确取决于适当的程序中多元价值的沟通与互动。环评这一"程序型管制措施"，在我国强调实体保障的制度理念与运作下，经由司法实践的运作而被弱化。弱化的直接后果便是，环评中行政权缺乏制约。环评审批涉及科技专业性，行政机关在作出判断时享有大量自由裁量权，因此程序保障规定的遵守显得更为重要，法院即应提高对于程序规定是否被完整贯彻的控制。

为监督行政权的需要，在借鉴其他国家（地区）经验的基础上，必须

---

〔1〕　赵鹏："知识与合法性：风险社会的行政法治原理"，载《行政法学研究》2011年第4期。

对我国环评审批司法审查的标准进行完善。我国法院对于环评审批不应完全尊重行政机关的决定，而是应将审查的重点放在程序，即法院对于环评审批的监督，对程序行为的审查强度应该高于实体决定。首先，关于实体审查，法院不仅应审查环评审批是否违反实体法的规定，同时应审查环评审批是否存在明显恣意、疏忽。如果行政机关的决定考虑了法律禁止考虑的因素，或遗漏应考虑的重要因素，或者其陈述理由与依据证据不符等，法院应通过设立环评审批司法审查专家库及引入专家证人等方式，以辅助其判断行政机关的专业判断是否为科学同行所接受，并最终决定是否撤销该环评审批。其次，法院应加强对环评审批程序是否正当的审查。重视程序审查的观点不仅被美国、德国所接受，亦是全球趋势。全球行政法学界普遍认为事先告知及给予表达意见机会的权利，已经是各国行政程序法必备的最低程序规范要求。我国司法在审查环评审批程序是否正当时，应从环评信息是否充分公开、公众是否有效参与、审批机关的组织是否正当这三个层面展开审查。

第六章

环评审批司法审查的法律后果

环评审批案件经法院审理，可能产生三种结果：一是若环评审批证据确凿，适用法律、法规正确，符合法定程序的，人民法院判决驳回原告的诉讼请求，即确认环评审批合法有效；二是若环评审批存在主要证据不足的、适用法律法规错误、违反法定程序、超越职权或滥用职权、明显不当中一种或多种情形的，将被判决撤销或部分撤销；三是环评审批因存在违法情形可能会被撤销或部分撤销，但若仅仅是程序轻微违法或者依法应撤销但撤销会给国家利益、社会公共利益造成重大损害时，该环评审批只会被确认违法而不会被撤销。环评审批这一行政行为不同于其他行政行为之处在于其主要通过程序的履行以实现决策理性。因此，集中探讨环评审批程序违法的法律后果显得十分重要。

第一节　行政程序违法的法律后果

在当代行政程序立法中，许多国家都赋予了行政相对人听证与申辩的程序性权利以及增加了行政主体公平行政与说明理由的程序性义务。[1]既然程序是由法律规定，任何主体都应遵守，否则就构成违法。违反法定程序之行政行为，必须匹配一个以上的法律效果，以此作为一种驱使行政机关遵守法定程序的保障性机制。[2]可程序违法会对行政行为产生什么样的法律效力？不同国别下其境遇有所不同。

---

〔1〕　龚向田："论行政程序抗辩权的和谐行政价值"，载《湖南科技大学学报（社会科学版）》2012年第2期。

〔2〕　章剑生："对违反法定程序的司法审查——以最高人民法院公布的典型案件（1985-2008）为例"，载《法学研究》2009年第2期。

一、英美国家行政程序违法的后果

一般而言，英美国家注重程序正义，行政程序违法一般会导致行政行为无效或被撤销。在英国，行政机关的决定违反"自然正义"原则会产生什么后果？英国法院在这个问题上没有一致确定的判决，主要分歧是该决定是无效还是可撤销。英国学术界诸如韦德教授（H. W. R. Wade）、丹宁法官（Lord Denning）等认为无须区分无效与可撤销。一般来说，对于当事人有重要影响的行政决定，在程序上违反"自然正义"原则时，法院会按无效处理；而对于影响较小和违法情况较轻的行政决定，则认为是可撤销的决定。[1]无论采用可撤销还是无效，均是对程序价值的高度肯定。美国在其《联邦行政程序法》第706条第2款规定了行政机关的决定在六种情况下，法院应认定为违法，并予废弃，其中第四种情况就是行政机关的决定未遵守法定程序。[2]在英美国家，法律的一般原则是行政法的渊源，行政机关违反正当程序的一般原则构成程序违法。因此在美国法中，当行政机关决定违反"正当行政程序"的要件，即受告知权、听证权、公正作为义务、说明理由义务时，依据《联邦行政程序法》第706条第2项第（D）款的规定，即"未遵守法定程序者"，应将该行政决定废除。

二、德国行政程序违法的法律后果

对于程序违法的处理，德国在规定行政程序违法无效或者应撤销的同时，也规定了某些程序违法的行政行为可以补正。例如德国《行政程序法》第44条规定了行政行为具有严重瑕疵的，包括程序严重瑕疵的为无效行政行为。第45条则规定对"不导致第44条规定无效的对程序或形式的违反"的行政行为则可视为补正。对一般的事后可以治愈的程序违法，行政机关可以补正，但"如果程序违法的治愈不可能或者徒劳无益，则行

---

〔1〕 王名扬：《英国行政法》，中国政法大学出版社1987年版，第104页。

〔2〕 魏建良："论违反行政程序的法律后果"，载《浙江大学学报（人文社会科学版）》2001年第2期。

政行为不能补正，应被撤销"。[1]即德国对于程序规定的理解包括以下方面：第一，程序规定旨在辅佐实体法的实现，仅具有辅助性地位，程序仅是手段，并非目的本身；第二，除少数例外情形，通常不能依据程序规定单独提起行政诉讼，必须等到行政机关作出最终实体决定时，方可一并表示不服；第三，有些程序瑕疵，在事实审法院审理终结前，行政机关仍可"补正该程序"；第四，行政机关的决定若仅违反程序规定，除无效者外，若该瑕疵未明显影响实体决定，不得撤销该决定，即该程序瑕疵必须具有影响实体决定的重要性，行政行为因此方被撤销。德国法式的弱化行政瑕疵的法律效果，减少了重大开发案被行政法院全部或部分撤销的情形，但德国行政程序瑕疵的补正或甚至不重要性的规定，在欧盟日益重视公众参与等程序规定的情形下受到了挑战。为贯彻欧盟《有关市民参与环境的计划、项目的指令》（2003/35/EC）要求，德国 2006 年制定了《环境救济法》。根据该法第 4 条第 1 项规定，倘若某一建设项目未依法进行环评，或是未依法进行个案预审是否有环评义务，也未补正的，可要求撤销该开发许可。这项规定的首要含义是，免除因果关系的证明，即对于违法未进行环评或是个案预审这两种类型，日后在因果关系上无须讨论该程序瑕疵是否对于最后的开发许可具有重要性，一律视为重要，若未补正或治愈，均得撤销该开发许可，该规定构成《行政程序法》有关程序违法后果的特别规定。

三、我国行政程序违法的法律后果

长期以来，行政程序及程序违法的法律责任在我国法律规定中付之阙如。有关违反行政程序的行政行为的效力如何？我国《行政诉讼法》第 70 条规定，将违反法定程序作为判决撤销或者部分撤销具体行政行为六种情形之一。可撤销后的法律效果如何？根据《行政诉讼法》第 71 条的规定，行政行为被撤销后，行政机关可以重新作出行政行为，但不得以同一事实

---

〔1〕［德］哈特穆特·毛雷尔：《行政法学总论》，高家伟译，法律出版社 2000 年版，第 255~259 页。

和理由作出与原具体行政行为基本相同的具体行政行为。《行诉法解释》
（2018年）第90条第2款规定："人民法院以违反法定程序为由，判决撤
销被诉行政行为的，行政机关重新作出行政行为不受行政诉讼法第七十一
条规定的限制。"按照此解释，"如行政机关未经听证程序对当事人作出吊
销许可证的行政处罚决定，经当事人诉请法院，在该行政处罚决定被撤销
之后，行政机关可以补办听证程序并仍然可以对当事人作出吊销许可证的
行政处罚决定。法院虽然通过当事人提起的行政诉讼实现了监督行政机关
依法行政的目的，但当事人在付出相当的时间和金钱之后，并没有得到什
么好处"。[1]显然，胜诉与败诉对当事人和行政机关都无多大意义。但此
种司法解释所带来的负面效果将有可能引导行政机关走向"法律程序虚无
主义"，进而可能偏离行政诉讼法的原旨。更何况在司法实务中，除非法
律明确规定的程序未遵守，或程序违法严重影响实体决定，否则行政法院
通常也不会严加审查。即使对于法律明定的程序，法院若认为行政机关未
予遵守，不影响最后的行政决定，亦不会撤销该行政行为。

　　除此之外，若是行政行为程序轻微违法，但对原告权利不产生实际影
响的，人民法院只是判决确认该行政行为违法，但不撤销行政行为。但司
法实践中，法院往往确认了环评审批存在轻微程序违法，但往往以"公告
环节中的瑕疵问题，并不足以影响本案被诉具体行政行为的合法性"，"被
诉具体行政行为程序上存在的瑕疵不足以导致上诉人环境影响评价公众参
与权和知情权的丧失，上诉人也未能证明本案被诉具体行政行为及建设项
目可能会对其居住环境造成危害"，"不予听证的行为不符合程序正当的原
则，属行政行为程序轻微违法，但对原告权利不产生实际影响"，"环评审
批虽然在程序上存在瑕疵，但并不构成严重程序违法"等等，直接判决驳
回原告的诉讼请求。

---

　　[1] 章剑生："对违反法定程序的司法审查——以最高人民法院公布的典型案件（1985-
2008）为例"，载《法学研究》2009年第2期。

第二节　程序违法致环评审批被判决撤销

为发挥程序对行政机关的约束作用，使行政机关能认识到程序与实体的同等重要性，制定行政程序法必须立于强化程序违法的后果和责任。[1]在环评中，违反环评程序，若是毫无法的拘束力，即使行政机关随意忽略程序规定，而基于该违法程序所作出的实体决定却不会受到任何影响，那么无论宪法上还是法律上正当程序的种种论述阐释，终究仅是海市蜃楼罢了。

一、环评审批决定被撤销的法定因素

根据我国《行政诉讼法》第 70 条的规定，若环评审批决定这一行政行为存在主要证据不足、适用法律法规错误、违反法定程序、超越职权或滥用职权、明显不当中一种或多种情形的，将被判决撤销或部分撤销。在司法实践中，原告诉请法院依法撤销生态环境主管部门的违法环评批复的理由主要有：作为环评审批部门的被告没有审批权限；环评文件的编制弄虚作假，比如捏造环评数据、公众参与造假等，而审批部门审查不严；环评审批违反相关程序规定，如未告知利害关系人；环评机构无相关资质或与建设单位有利益关联；参加评审的专家不符合法律规定；应编制环境影响报告书，而仅编制环境影响报告表或仅填写环境影响登记表。因为法院在审理环评审批案件时持谦抑态度，目前为止，尚少见撤销环评审批决定的判决。

在胡某强等诉镇江市环境保护局一案中（［2017］苏 1102 行初 25 号，［2018］苏 11 行终 95 号），一审法院通过审理认定被告在对环境影响报告书审批过程中明显存在不符合环境影响评价文件规定及要求的行为，比如未征求或听取与建设项目存在重大利害关系的居民的意见等，但鉴于太古山路道路工程项目已开工建设近一年，环评批复已不具有可撤销内容及必

---

〔1〕　杨伟东："行政程序违法的法律后果及其责任"，载《政法论坛》2005 年第 4 期。

要。但二审法院认为，胡某强等十人所居住的房屋虽位于上述道路工程项目沿线，但因城市建设的需要已被列入征收范围，属于应当搬迁的房屋，且基于该房屋所享有的权益并不是市环保局作出环评批复时应考虑的因素。市环保局的上述环评批复，与胡某强等十人并不存在利害关系，被诉环评批复对胡某强等十人的权利义务并不产生实际影响，胡某强等十人的起诉不符合法定起诉条件，依法应予驳回，撤销原审判决。在夏某官等诉东台市环境保护局一案中（〔2014〕盐环行终字第0002号），法院认为："四季辉煌沐浴广场的洗浴项目投入运营后所产生的潮湿、热气、噪声、污水等，对居住在该洗浴项目上方的被上诉人夏某官等四个家庭的生活环境肯定有较大影响，而且这种影响将是长期的、持续的。被上诉人夏某官等四个家庭作为与本案审批项目直接相邻的利害关系人，应当认定存在重大利益关系。环保部门在审查和作出这类事关重大民生权益的行政许可时，理应告知被上诉人夏某官等人享有陈述、申辩和听证的权利，并听取其意见，这是法定正当程序，也是行政机关应当履行的基本义务。因此，维持一审判决，依法撤销违反法定程序的环评审批。"这是比较少见的环评审批因程序违法被判决撤销的案件。更少见环评审批因存在主要证据不足、适用法律法规错误、超越职权或滥用职权、明显不当而被撤销的情形。

根据我国《行政诉讼法》的有关规定，并非所有的程序违法均会导致环评审批被撤销或部分撤销。程序轻微违法只会导致环评审批被确认违法。立法上并未明确何为严重违法，何为轻微违法。实践中，如何判断程序违法是否严重，法院往往依据是否会影响原告权利进行判断。而我国倾向于将程序违法解释为程度轻微。在德国，通常法院会依据个案中瑕疵的不同强度，而有不同的处理：特别严重或明显的瑕疵，例如完全未进行听证程序，虽然不致使许可决定无效，但该决定因有瑕疵而得撤销；轻微的瑕疵，例如虽未公告听证期日的时间或地点，但当事人实质上仍参与听证期日的讨论，此时因程序瑕疵不致影响实体决定的作出，故亦不得主张撤销；此外，应视个案之情形决定，该程序瑕疵是否造成主管机关未考量足以影响许可决定的重要事实。[1]针对环评法主要是通过为企业和生态环境主管部门设置程序义务，以事先预测、评价建设项目的环境影响，进而发挥环评制度预防环境问题产生的价值。因此，在司法实践中，法院应以程序的违法是否会导致环评法目的的无法实现以及原告程序性权利的侵害为依据，对程序违法是严重还是轻微进行判断。

二、环评审批被撤销的后果

至于环评审批决定事后被法院判决撤销，产生何种影响，该建设项目许可是否有效则产生了较大争议。在我国，环评审批被撤销后，建设项目开发许可是否有效尚未引起关注。在《环境影响评价法》修改之前，其第25条将建设项目的环境影响评价文件通过审查批准作为项目审批部门批准建设的前提条件。因此，若建设项目的环评审批被法院判决撤销，则其后的项目审批部门的批准建设便失去了合法性基础，变成自始无效了。而修改后的《环境影响评价法》第25条已删除了环评审批作为项目审批的前置条件，仅是建设单位开工建设的条件。则环评审批被撤销后，项目审批部门的许可效力不会发生改变，但建设单位开工建设则失去了合法性基础，因责令停工或恢复原状。若建设单位存在信赖利益的损失，可以要求补偿。另外，根据我国《行政诉讼法》第71条的规定，行政行为被撤销后，人民法院判决被告重新作出行政行为的，被告不得以同一的事实和理由作出与原行政行为基本相同的行政行为。《行诉法解释》（2018年）第90条第2款规定："人民法院以违反法定程序为由，判决撤销被诉行政行为的，行政机关重新作出行政行为不受行政诉讼法第七十一条规定的限制。"

第三节　程序违法致环评审批被判决确认违法

在我国，因为程序违法致使环评审批决定将被法院确认违法的情形有

---

〔1〕　张宗存："民众参与理念在环境影响评估制度的实践"，台北大学2005年硕士学位论文，第99页。

两种：一是环评审批程序严重违法，依法应当撤销，但撤销会给国家利益、社会公共利益造成重大损害的，则不予撤销只是确认其违法；二是环评审批程序轻微违法，但对原告权利不产生实际影响的。

一、程序违法严重但关涉公共利益

尽管程序违法严重或明显，如果撤销会导致公共利益的重大损失，环评审批决定一般也不会被撤销。我国《行政诉讼法》第74条规定，行政行为依法应当撤销，但撤销会给国家利益、社会公共利益造成重大损害的……人民法院只是判决确认该行政行为违法，但不撤销行政行为。此条规定源自大陆法系的情况判决制度。所谓情况判决，是指依据一般行政法治规则，被诉行政行为被确认违法就应当予以撤销，但基于国家利益或者公共利益的考虑而只判决确认该行政行为违法而不予以撤销，同时责令被诉行政主体采取其他补救措施，并赔偿原告因该违法行政行为受到的损害的一种判决方式。情况判决是一种非常态判决，是对某种既成事实进行法益衡量后作出的认可，违法的行政行为在被撤销之前，因为行政的公定力已衍生出庞杂的法律关系或事实状态，撤销该违法行政行为反倒会使社会公共利益遭受损害。

"社会公共利益"是一个不确定的概念，通常指不特定多数人的利益，凡是我国社会生活的政治基础、公共秩序、道德准则和风俗习惯等，均可列入其中。在环评审批案件中，因保护公共利益的需要，从而使得因程序违法本应被撤销的环评审批决定只被确认为违法而不被撤销。法院如何认定"社会公共利益"显得至为关键。在"谷某宝等十二人诉盘锦市环境保护局案"中，法院认为被上诉人作为被委托人只能以委托人的名义实施具体行政行为，以自己的名义作出的批复行为没有法定职权，应判决撤销其批复行为，但是该项目的投资额为13亿，且早已建成通车，撤销该具体行政行为将会给公共利益造成重大损失，因此不宜撤销该批复行为。在司法实践中，撤销环评审批决定是否会导致公共利益受损害必须慎重考虑以下两个方面的内容：

一是不能将公共利益和建设单位利益混同。环评审批决定事后遭法院撤销时，往往开发行为已经施工甚至已投入运营，撤销对建设单位权益影响很大，但是建设单位的经济利益损失并非公共利益，不能将这两者混为一谈。

二是不能因为建设单位的信赖利益而不撤销违法的环评审批决定。信赖保护原则来源于民法的诚实信用原则，行政机关负有实施合法的行政行为的义务，而相对人则信赖该行政行为是合法的，若行政机关基于行政行为的违法性或其他理由而否定其原有效力，则因为顾及相对人的信赖而违反了诚信原则，因而导出信赖保护原则。信赖保护原则是指当个人对行政机关作出的行政行为已产生信赖利益，并且这种信赖利益因其具有正当性而得到保护时，行政机关不得撤销这种信赖利益，而如果撤销就必须补偿其信赖利益损失。但是关于行政相对人的信赖利益保护，首先要判断"信赖是否值得保护"。信赖是否值得保护是一个极为抽象而复杂的问题，所谓值得保护的信赖，是指行政行为相对人的信赖，在法律上的评价是善意的、无可归责的信赖。信赖是否值得保护，应由受益人自身的情形来判断，不能与公益合并观察、进行法益衡量。唯有当确定受益人的信赖是值得保护之后，才应进行公私益的衡量以决定是否应采取存续保障或者撤销但给予损失补偿。[1]在环评审批案件中，环评文件之所以能被生态环境主管部门审批通过，往往与建设单位在环评文件编制及公众参与过程中弄虚作假、隐瞒建设项目基础数据及建设项目所在地环境数据密切相关，甚至存在建设单位贿赂审批机关人员的情形，此种情况下，即使环评审批决定违法并撤销，建设单位的信赖也不值得保护。

二、程序轻微违法

在我国，若是行政行为程序轻微违法，但对原告权利不产生实际影响的，人民法院只是判决确认该行政行为违法，但不撤销行政行为。而在大陆法系国家，有针对行政行为程序轻微违法的补正制度。补正制度源于德

---

〔1〕 萧文娟："撤销环评审查结论相关问题之研究"，东吴大学 2015 年硕士学位论文，第100 页。

国、法国的治愈理论。但即便是在德国、法国，治愈理论招致诸如会实质性地阻碍行政行为的客体对行政机关的诉辩能力，以及难以有效地刺激行政机关提高行政决定质量等种种非议。我国学者亦担心，如果行政行为违反法定程序并不当然导致行政行为被撤销或者无效，而是给行政机关一个修补行政程序的机会，甚至无关行政行为是否有效，那么"行政便宜主义"是否会使现代行政程序的法律价值失落于行政行为的补正、转换以及行政诉讼的确认判决之中呢？[1]

德国《行政程序法》第 45 条首先规定了补正程序，然后于 1997 年的德国《行政法院法》的修正中也相应地增加了在诉讼中如何治愈的规定，包括法官可以给行政机关三个月的时间来治愈被诉行政行为中存在的瑕疵，但前提是不会因此延误审判。[2]需要注意的是，在德国，并非所有程序皆可补正。如德国《联邦自然保护法》第 58 条规定，由联邦环境部所认可的社团法人，在如下行政决定上，应被提供意见表示及阅览相关专家鉴定意见的机会：联邦环境部或联邦内阁就自然保护法所制定的法规命令，或其他法律层级以下法规的研拟；就联邦行政机关所执行的计划确定裁决程序，但只限于该计划对自然与景观造成干预的议题；针对联邦行政机关所为的计划许可；其性质上为行政处分，针对个案开发规模不适用计划确定裁决程序的，但因其规模性质仍对自然与景观造成危害，从而仍需经由公共参与程序。德国学界与司法实务界皆认为，经认可的环保团体前述程序参与权，是立法者所明确赋予，为该环保团体的主观公权利；若行政机关违反此规定，则环保团体可以直接起诉——称为强制参与行政程序的诉讼，并请求行政法院为暂时处置。若主管机关拒绝或漏未提供的，则该行政决定有程序瑕疵，构成撤销事由；此项瑕疵不得事后补正，除非各邦自然保育法有特别规定，但各邦法鲜有为之。在日本，如果行政行为违法，但其违法程度比较轻微，不值得作为撤销理由来考虑时，或者由于日

---

〔1〕 余凌云："违反行政程序的法律后果"，载 http://www.148com.com/html/626/101557.html，访问日期：2014 年 1 月 13 日。

〔2〕 余凌云："对行政程序轻微瑕疵的司法反应"，载《贵州警官职业学院学报》2005 年第 4 期。

后情况变化，本来欠缺的合法要件，已得补充时，作为瑕疵已经被治愈的行政行为，视其为合法的行政行为。[1]在我国立法上，补正制度曾出现于《行政复议条例》第42条（1991年实施，现已失效）中，后被1999年《行政复议法》所删除，在其后的《行政处罚法》《行政诉讼法》中均未再规定程序补正制度。即我国行政行为的程序瑕疵并不能通过补正予以治愈。

在我国环评审批案件中，法院援引《行政诉讼法》第74条第2款予以判决的情形较多，但是在法律解释上存在问题。一是何谓轻微程序违法，法院判决不一，普遍存在忽视程序价值的问题，许多本是严重程序违法情形被解释为轻微程序违法；普遍认为程序的瑕疵对于原告的权利不产生影响。比如法院仅确认环评审批存在轻微程序违法，而且往往以"公告环节中的瑕疵问题，并不足以影响本案被诉具体行政行为的合法性"，"被诉具体行政行为程序上存在的瑕疵不足以导致上诉人环境影响评价公众参与权和知情权的丧失，上诉人也未能证明本案被诉具体行政行为及建设项目叮能会对其居住环境造成危害"，"不予听证的行为不符合程序正当的原则，属行政行为程序轻微违法，但对原告权利不产生实际影响"。二是依据《行政诉讼法》第74条的规定，环评审批行为存在轻微程序瑕疵，法院也应确认环评行政行为违法，而不是简单的判决驳回原告的诉讼请求，导致原告败诉并承担诉讼费用。

由于在环评中利益复杂多元，且涉及高科技专业性及事涉未来的不确定性，所以程序性的权利保障在环评行政中尤为重要。因此，我国法院必须认真对待环评审批程序。程序轻微违法，是指环评审批程序瑕疵不会对环评审批决定产生实质性的影响，比如听证会记录当事人没有签字，或者生态环境主管部门没有说明理由等对利害关系人权利保障不具有实质性意义；但信息公开、听证会的举行等程序，因其关乎建设项目是否对环境有重大影响判断的作出，对利害关系人权利保障具有实质性意义，不能仅解释为程序轻微违法。而且，在环评审批司法审查案件中，为督促行政机关

---

〔1〕　杨建顺：《日本行政法通论》，中国法制出版社1988年版，第401页。

遵守行政程序，对于程序轻微违法，法院不宜对其违法性轻描淡写，直接判决驳回原告的诉讼请求，不仅应确认该行政行为违法，而且应判决由被告承担或与原告分担诉讼费用。

第四节　小　结

在现代法治国家，行政权力必须依法行使。由法律规定的程序，行政机关就应该遵守，否则就构成违法行政。环评程序是为了促使行政机关作出符合环境理性的决定，如果缺少或错误运作此程序，就无法判断该决定是否正确，也就无法判断是否侵犯了公民的合法权益。英美法系国家注重程序正义，行政程序违法一般会导致行政行为无效或被撤销；而大陆法系则注重程序的效率，故行政程序违法可以补正。在我国，环评审批程序违法具有的法律后果有两种：一是程序严重违法的，法院将判决撤销或部分撤销该环评审批；二是程序严重违法，但撤销会给国家利益、社会公共利益造成重大损害的，或者程序轻微违法的，法院将判决确认该环评审批违法。但尤其要注意的是，对于环评审批程序严重违法，依法应当撤销，但撤销会给国家利益、社会公共利益造成重大损害的，法院不能将公共利益和建设单位利益混同，不宜因为建设单位的信赖利益而不予撤销环评审批；对于程序轻微违法，法院不宜对其违法性轻描淡写，直接判决驳回原告的诉讼请求，而应确认该行政行为违法，而且判决由被告承担或与原告分担诉讼费用。

结 语

　　环评如今已受到较多关注，成为热议的话题。理论界对该制度的关注主要从立法角度进行制度设计与制度变革。修改法律对环评的完善确有所助益，然而其毕竟是"字面上的法律"，而关注"实践中的法律"则更贴近制度实施的真相。故本书尝试从法律适用的角度，观察法院应如何适用相关环评法律以监督行政权的行使，通过环评审批司法审查的完善来促使环评制度价值的实现。

　　环评审批的目的，是在开发行为进行之前，就其环境影响预先进行评价，最终由生态环境主管部门决定环评是否通过，以实现社会、经济与环境的可持续发展。可对环评最大的忧虑是该制度所欲追求的价值与精神并木在实务中得到完全落实，被沦为"橡皮图章"，环评审批亦是"走过场"，并未实现其为环境把关的目的。而在司法实务中，法院对此亦无所作为，通过限缩原告资格和绝对尊重行政机关专业判断，并未践行权力分立理论对行政权进行有效制衡。而法院在环评审批案件中的退让态度是源于认为行政权的正当性仅来自立法授权和行政机关的专业知识。当行政权的正当性不再仅来源于立法授权理论和专家理论，其需从参与模式对于程序理性及公民参与的追求来证立其正当性时，司法应积极予以回应，即法院应扮演好调整环评审批过程中的权力互动及强化公众参与的角色，同时应放宽原告资格、重构以程序审查为主的审查标准以及正确解释环评审批程序违法的法律后果，以实现对行政权的监督和制约。

　　在环评审批司法审查的实务中，应通过指导案例的方式确立新的审查标准：程序审查上应突破现有的法定程序，逐步向正当行政程序过渡；实体审查上应通过个案逐步建立具体参考标准，使得当事人可以预见法院对相类似案件的态度。本书并非主张法院适合代替行政机关作出科技专业性的判断，而是想强调司法面对环评审批案件时，应注意监督行政权的行使是否合法正当。司法对于行政程序应扮演积极审查的角色，在审查环评审批时，重点应放在环评审批作出的程序是否合法正当，法院对程序行为的审查强度应高于实体决定。尽管司法机关审查专业性事务的能力固然有限，但环评制度的构想并非仅限于科学、专家的参与，更包含公众参与，司法专业能力的不足可通过专家证人、专家陪审及专家鉴定等制度予以补充，同时亦应从公众的角度进行检视，积极的处理环评审批案件以捍卫环评的价值。必须提及的是，除了加强司法保护环境的功能外，环评制度的全面革新仍然离不开立法完善。

需要特别指出的是，不论是制度设计或过去的实践皆以建设项目环评为主，这也是全书集中探讨建设项目环评审批司法审查问题的重要原因。在我国，除了项目环评外，还有规划环评。在规划环评中，负责实施规划环评的机关通常也是规划的提起机关，而规范规划环评的相关法律条款比规范建设项目环评的更模糊，即在规划环评中行政机关享有更大的自由裁量权和为了机关的利益甚至为节省时间与金钱而避免实施严格规划环评的诱因。为此，最直接的因应方式应该是进行规划环评的司法审查，通过司法权监督行政权，诉讼的可能性将捆绑住无意实施有效规划环评的行政机关自由裁量的手脚。而规划环评被修订前的《行政诉讼法》视为抽象行政行为，并非司法审查的对象，2017 年修订后的《行政诉讼法》把"具体行政行为"统一改为"行政行为"，取消了"抽象行政行为"与"具体行政行为"之间的模糊地带。因此，规划环评的司法审查将是笔者今后关注的重点。

参考文献

一、中文文献

（一）著作类

［1］汪劲主编：《环保法治三十年：我们成功了吗——中国环保法治蓝皮书（1979—2010）》，北京大学出版社 2011 年版。

［2］叶俊荣：《环境政策与法律》，中国政法大学出版社 2003 年版。

［3］汪劲：《中外环境影响评价制度比较研究——环境与开发决策的正当法律程序》，北京大学出版社 2006 年版。

［4］王名扬：《美国行政法》，中国法制出版社 1995 年版。

［5］王曦：《美国环境法概论》，武汉大学出版社 1992 年版。

［6］［德］卡尔·拉伦茨：《法学方法论》，陈爱娥译，商务印书馆 2003 年版。

［7］张千帆、包万超、王卫明：《司法审查制度比较研究》，译林出版社 2012 年版。

［8］唐明良：《环评行政程序的法理与技术——风险社会中决策理性的形成过程》，社会科学文献出版社 2012 年版。

［9］杨建顺：《日本行政法通论》，中国法制出版社 1998 年版。

［10］［德］乌尔里希·贝克：《风险社会》，何博闻译，译林出版社 2004 年版。

［11］陈新民：《中国行政法学原理》，中国政法大学出版社 2002 年版。

［12］国家法官学院、中国人民大学法学院编：《中国审判案例要览》（2007 年行政审判案例卷），人民法院出版社、中国人民大学出版社 2008 年版。

［13］［日］盐野宏：《行政法》，杨建顺译，法律出版社 1999 年版。

［14］吕忠梅等：《理想与现实：中国环境侵权纠纷现状及救济机制构建》，法律出版社 2011 年版。

［15］［美］E. 博登海默：《法理学：法律哲学与法律方法》，邓正来译，中国政法大学出版社 1999 年版。

［16］李惠宗：《行政法要义》，五南图书出版公司 2000 年版。

［17］［日］原田尚彦：《环境法》，于敏译，法律出版社 1999 年版。

［18］吕忠梅：《沟通与协调之途——论公民环境权的民法保护》，中国人民大学出版社 2005 年版。

［19］［美］爱蒂丝·布朗·魏伊丝：《公平地对待未来人类：国际法、共同遗产与世代间衡平》，汪劲、于方、王鑫海译，法律出版社 2000 年版。

［20］周训芳：《环境权论》，法律出版社 2003 年版。

［21］法治斌、董保城：《宪法新论》，元照出版公司 2006 年版。

［22］［德］弗里德赫尔穆·胡芬：《行政诉讼法》，莫光华译，法律出版社 2003 年版。

［23］［古希腊］亚里士多德：《政治学》，吴寿彭译，商务印书馆 1981 年版。

［24］［法］孟德斯鸠：《论法的精神》，张雁深译，商务印书馆 1981 年版。

［25］［美］丹尼尔·朗：《权力论》，陆震纶、郑明哲译，中国社会科学出版社 2001 年版。

［26］杨伟东：《权力结构中的行政诉讼》，北京大学出版社 2008 年版。

［27］［德］奥托·迈耶：《德国行政法》，刘飞译，商务印书馆 2002 年版。

［28］何海波：《司法审查的合法性基础——英国话题》，中国政法大学出版社 2007 年版。

［29］［美］理查德·B. 斯图尔特：《美国行政法的重构》，沈岿译，商务印书馆 2002 年版。

［30］孙笑侠：《法律对行政的控制——现代行政法的法理解释》，山东人民出版社 1999 年版。

［31］吴庚：《行政法之理论与实用》，中国人民大学出版社 2005 年版。

［32］［德］汉斯·J. 沃尔夫、奥托·巴霍夫、罗尔夫·施托贝尔：《行政法》（第 3 卷），高家伟译，商务印书馆 2007 年版。

［33］［德］埃贝哈德·施密特-阿斯曼等：《德国行政法读本》，于安等译，高等教育出版社 2006 年版。

［34］［德］哈贝马斯：《在事实与规范之间——关于法律和民主法治国的商谈理论》，童世骏译，生活·读书·新知三联书店 2003 年版。

［35］［美］肯尼斯·卡尔普·戴维斯：《裁量正义》，毕洪海译，商务印书馆 2009 年版。

［36］［美］肯尼思·F. 沃伦：《政治体制中的行政法》（第 3 版），王丛虎等译，中国人民大学出版社 2005 年版。

［37］陈慈阳：《环境法总论》，中国政法大学出版社 2003 年版。

［38］［美］诺内特、塞尔兹尼克：《转变中的法律与社会》，张志铭译，中国政法大学出版社 1994 年版。

［39］陈泉生等：《环境法学基本理论》，中国环境科学出版社 2004 年版。

［40］孙笑侠：《法的现象与观念》，山东人民出版社 2001 年版。

［41］［美］伯纳德·施瓦茨：《行政法》，徐炳译，群众出版社 1986 年版。

［42］［美］杰瑞·L. 马肖：《行政国的正当程序》，沈岿译，高等教育出版社 2005 年版。

［43］胡肖华：《宪法诉讼原论》，法律出版社 2002 年版。

［44］章剑生：《行政程序法基本理论》，法律出版社 2003 年版。

［45］冷罗生：《日本公害诉讼理论与案例评析》，商务印书馆 2005 年版。

［48］汪劲等编译：《环境正义：丧钟为谁而鸣——美国联邦法院环境诉讼经典判例选》，北京大学出版社 2006 年版。

［49］［德］哈特穆特·毛雷尔：《行政法学总论》，高家伟译，法律出版社 2002 年版。

［50］吴勇：《专门环境诉讼：环境纠纷解决的法律新机制》，法律出版社 2009 年版。

［51］［奥］凯尔森：《法与国家的一般理论》，沈宗灵译，中国大百科全书出版社 1996 年版。

［52］翁岳生编：《行政法》，中国法制出版社 2009 年版。

［53］［美］克里斯托弗·沃尔夫：《司法能动主义——自由的保障还是安全的威胁?》，黄金荣译，中国政法大学出版社 2004 年版。

［54］最高人民法院行政审判庭编：《〈关于执行《中华人民共和国行政诉讼法》若干问题的解释〉释义》，中国城市出版社 2000 年版。

［55］陈计男：《行政诉讼法释论》，三民书局 2000 年版。

［56］林腾鹞：《行政诉讼法》，三民书局 2005 年版。

［57］［美］欧内斯特·盖尔霍恩、罗纳德·M. 利文：《行政法和行政程序概要》，黄列译，中国社会科学出版社 1996 年版。

［58］［美］斯蒂芬·布雷耶：《法官能为民主做什么》，何帆译，法律出版社 2012 年版。

［59］王名扬：《美国行政法》（下），中国法制出版社 2005 年版。

［60］罗豪才主编：《中国司法审查制度》，北京大学出版社 1993 年版。

［61］王名扬：《英国行政法》，中国政法大学出版社 1987 年版。

[62] 马怀德主编:《行政诉讼原理》,法律出版社 2003 年版。

[63] [美] 汉密尔顿等:《联邦党人文集》,程逢如等译,商务印书馆 1980 年版。

[64] [德] 卡尔·拉伦茨:《德国民法通论》(上),谢怀栻等译,法律出版社 2003 年版。

[65] 吕忠梅:《环境法新视野》,中国政法大学出版社 2000 年版。

[66] [美] 蕾切尔·卡森:《寂静的春天》,吕瑞兰、李长生译,上海译文出版社 2008 年版。

[67] [日] 杉原泰雄:《宪法的历史——比较宪法学新论》,吕昶、渠涛译,社会科学文献出版社 2000 年版。

[68] 罗豪才主编:《现代行政法制的发展趋势》,法律出版社 2004 年版。

[69] 郝明金:《行政行为的可诉性研究》,中国人民公安大学出版社 2005 年版。

[70] [美] 詹姆斯·萨尔兹曼、巴顿·汤普森:《美国环境法》(第 4 版),徐卓然、胡慕云译,北京大学出版社 2016 年版。

[71] [美] 丹尼尔·A. 法伯、罗杰·W. 芬德利:《环境法精要》(第 8 版),田其云、黄彪译,南开大学出版社 2016 年版。

(二) 论文类

[1] 吕雅雯、黄锦堂、于幼华:"永续发展理念下的环境影响评估制度",载《环境工程会刊》第 10 卷第 2 期。

[2] 刘伟生:"'环评':经济发展中的困惑",载《环境经济》2005 年第 3 期。

[3] 汪劲:"通过程序实现环评审批决策的正当化",载《华东政法学院学报》2005 年第 4 期。

[4] 王曦:"环保主体互动法制保障论",载《上海交通大学学报(哲学社会科学版)》2012 年第 1 期。

[5] 赵绘宇、姜琴琴:"美国环境影响评价制度 40 年纵览及评介",载《当代法学》2010 年第 1 期。

[6] 李建良:"环境行政程序的法制与实务",载《月旦法学》2004 年第 1 期。

[7] 笑侠:"论新一代行政法治",载《外国法译评》1996 年第 2 期。

[8] 张勇等:"环境影响评价有效性的评估研究",载《中国环境科学》2002 年第 4 期。

[9] 郄建荣:"七成左右环保法规未得到遵守",载《法制日报》2013 年 7 月 31 日。

[10] 张晏:"中国环境司法的现状与未来",载《中国地质大学学报(社会科学版)》

2009 年第 5 期。

[11] 傅剑清："环境公益诉讼若干问题之探讨"，载王树义主编：《环境法系列专题研究》（第 2 辑），科学出版社 2006 年版。

[12] 郄建荣："环境司法制度自身阻碍因素制约发展"，载《法制日报》2011 年 6 月 11 日。

[13] ［美］玛莎·S. 本森："环境案件起诉资格、公民诉讼和环境清理责任分摊"，载吕忠梅、［美］王立德主编：《环境公益诉讼：中美之比较》，法律出版社 2009 年版。

[14] 陈英铃："对环评审查结论的正确诉讼类型"，载《台湾法学杂志》2011 年第 4 期。

[15] 汪劲："对提高环评有效性问题的法律思考——以环评报告书审批过程为中心"，载《环境保护》2005 年第 3 期。

[16] 徐以祥："建设项目环境影响评价补办现象的法律应对"，载《生态安全与环境风险防范法治建设——2011 年全国环境资源法学研讨会（年会）论文集》（第 3 册）。

[17] 姜明安、季卫东："将权力运行纳入程序的轨道"，载《人民日报》2010 年 6 月 10 日。

[18] 章剑生："对违反法定程序的司法审查——以最高人民法院公布的典型案例（1985—2008）为例"，载《法学研究》2009 年第 2 期。

[19] 于立深："违反行政程序司法审查中的争点问题"，载《中国法学》2010 年第 5 期。

[20] 季卫东："法治中国路线图"，载《财经》2013 年第 32 期。

[21] 陈慈阳："环境永续过程中之法制缺漏与新制度之建构——以环境救济法典之建构为任务"，载《清华法治论衡》2012 年第 2 期。

[22] 薛刚凌："对行政诉讼审查范围的几点思考"，载《行政法学研究》1997 年第 2 期。

[23] 李艳芳："环境侵害的民事救济"，载《中国人民大学学报》1994 年第 6 期。

[24] 张文贞、吕尚云："两公约与环境人权的主张"，载《台湾人权学刊》2011 年第 1 期。

[25] 朱谦："反思环境法的权利基础"，载《江西社会科学》2007 年第 2 期。

[26] 罗丽："日本环境权理论和实践的新展开"，载《当代法学》2007 年第 3 期。

［27］ 杨登峰："程序违法行政行为的补正"，载《法学研究》2009 年第 6 期。

［28］ 赵宏："实质理性下的形式理性：《德国基本法》中基本权的规范模式"，载《比较法研究》2007 年第 2 期。

［29］ Von Prof. Dr. Wolfgang Kah1, M. A.："德国与欧盟行政法上主观公法上权利之现况、演变及其展望"，林明锵译，载《台大法学论丛》第 40 卷第 2 期。

［30］ 邓世豹、付晓君："情况判决中个人利益的保护"，载《法治论坛》2007 年第 3 期。

［31］ 孙南申："WTO 体系下司法审查范围的理论与实践"，载《比较法研究》2006 年第 4 期。

［32］［荷］汤姆·兹瓦："从分权角度对诉讼资格制度的比较研究"，余凌云、朗小凤译，载《公法研究》2014 年第 0 期。

［33］ 李洪雷："英国法上对行政裁量权的司法审查——兼与德国法比较"，载《行政法论丛》2003 年第 1 期。

［34］ 孔令滔："论行政诉讼中前置行政行为的审查模式——以日本行政过程论文方法论的视角"，载《公法研究》2011 年第 2 期。

［35］ 刘善春："论行政诉讼价值及其结构"，载《政法论坛》1998 年第 2 期。

［36］ 章剑生："论行政程序正当性的宪法规范基础——队规范实证分析为视角"，载《法学论坛》2005 年第 7 期。

［37］ 叶俊荣："环境问题的制度因应：刑罚与其他因应措施的比较与选择"，载叶俊荣：《环境政策与法律》，中国政法大学出版社 2003 年版。

［38］ 余凌云："对行政裁量立法控制的疲软——一个实例的验证"，载《法学论坛》2009 年第 5 期。

［39］ 宫文祥："面对环境保护落实与环境政策形塑：试探美国联邦最高法院当为及当守之分际"，载《司法新声》2013 年第 105 期。

［40］ 江必新："行政程序正当性的司法审查"，载《中国社会科学》2012 年第 7 期。

［41］［德］韩内特："德国的行政司法"，杜涛、王建斌译，载宋冰编：《程序、正义与现代化：外国法学家在华演讲录》，中国政法大学出版社 1998 年版。

［42］ 刘宗德、彭凤至："行政诉讼制度"，载于翁岳生编：《行政法》，中国法制出版社 2009 年版。

［43］ 黄锦堂："行政法的发生与发展"，载翁岳生编：《行政法》，中国法制出版社 2009 年版。

［44］ 季涛："行政权的扩张与控制——行政法核心理念的新阐释"，载《中国法学》
1997 年第 2 期。

［45］ 王天华："程序违法与实体审查——行政诉讼中行政程序违法的法律效果问题的
一个侧面"，载《行政法论丛》2006 年第 1 期。

［46］ 季卫东："程序比较论"，载《比较法研究》1993 年第 1 期。

［47］ 汤德宗："行政程序法"，载翁岳生编：《行政法》，中国法制出版社 2009 年版。

［48］ 季卫东："论法制的权威"，载《中国法学》2013 年第 1 期。

［49］ 孙笑侠、应永启："程序与法律形式化——兼论现代法律程序的特征与要素"，
载《现代法学》2002 年第 1 期。

［50］ 何海波："司法判决中的正当程序原则"，载《法学研究》2009 年第 1 期。

［51］ 钱伯华："论行政公诉制度"，载《法学》1998 年第 4 期。

［52］ 林木兴："论政策环境影响评估于宪法上之意义"，载《清华法治论衡》2012 年
第 2 期。

［53］ 傅玲静："论环境影响评估审查与开发行为许可之关系"，载《台大法学》2010
年第 7 期。

［54］ 汪劲："从中外比较看我国项目环评制度的改革方向"，载《环境保护》2012 年
第 22 期。

［55］ 辛年丰："对环境影响评估程序提起诉讼之法理分析——以开发行为之评估程序
为核心"，载《东海大学法学研究》第 34 期。

［56］ 王锡锌："行政自由裁量权控制的四个模型——兼论中国行政自由裁量权控制模
式的选择"，载《北大法律评论》2009 年第 2 期。

［57］ 陈红、徐凤烈："行政诉讼中前置性行政行为之审查探析"，载《浙江社会科学》
2008 年第 5 期。

［58］ 林惠瑜："环境影响评估法制行政诉讼实务现况与发展"，载《司法新声》2013
年第 105 期。

［59］ 刘如慧："从环境影响评估及团体诉讼制度看德国环境法的欧洲化冲击"，载《欧
美研究》2011 年第 2 期。

［60］ 谢伟："司法在环境治理中的作用：德国之考量"，载《河北法学》2013 年第
2 期。

［61］ 王曦："美国国家环境政策法和有关机构"，载《法学评论》1984 年第 3 期。

［62］ 马绍峰："美中环境影响评价制度比较研究——兼评我国《环境影响评价法》"，

载《科技与法律》2004 年第 3 期。

[63] 郭卫华："滥用诉权之侵权责任"，载《法学研究》1998 年第 6 期。

[64] 喜子："反思与重构：完善行政诉讼受案范围的诉权视角"，载《中国法学》
2004 年第 1 期。

[65] 王灿发："从一项环境信息可信赖度调查结果谈环境信息公开管理制度的完善"，
载《世界环境》2017 年第 3 期。

[66] 黄绍文："行政诉讼中之诉讼利益"，台湾大学 1998 年硕士学位论文。

[67] 盛子龙："撤销诉讼之诉讼权能"，载《中原财经法学》2001 年第 7 期。

[68] 郑琳："刘燕文诉北大一案判决，引起专家学者展开激烈探讨"，载《中国青年
报》2000 年 1 月 9 日。

[69] 杨建顺："行政诉讼与司法能动性——刘燕文诉北京大学（学位评定委员会）案
的启示"，载《法学前沿》编辑委员会编辑：《法学前沿》（第 4 辑），法律出版社
2001 年版。

[70] 吕理翔："计划裁量之司法审查"，台北大学 2000 年硕士学位论文。

[71] 高家伟："论行政诉讼原告资格"，载《法商研究（中南政法学院学报）》1997
年第 1 期。

[72] 斯金锦："行政诉讼原告资格——'法律上利害关系'要件研究"，载《公法研
究》2005 年第 2 辑。

[73] 路国连："论行政公益诉讼——由南京紫金山观景台一案引发的法律思考"，载
《当代法学》2002 年第 11 期。

[74] 别涛等："检察机关能否提起环境民事公益诉讼"，载《人民检察》2009 年第
7 期。

[75] 沈百鑫："德国环境法中的司法保护"，载曾晓东、周珂编：《中国环境法治
（2011 年卷）》（上），法律出版社 2011 年版。

[76] 刘如慧："欧洲法对德国行政法的影响——以个人权利保护之诉讼权能为例"，
载《成大法学》第 17 期。

[77] 李建良："环境行政程序的法制与实务"，载《月旦法学》第 104 期。

[78] 詹顺贵："环境影响评估应如何审查?"，载《台湾法学杂志别刊》2012 年第
2 期。

[79] 陈慈阳："环境诉讼中之当事人适格问题"，载《台湾法学杂志》第 147 期。

[80] 许嘉容："环评撤销诉讼的原告适格：'谁'可以对环评结论提起诉讼?"，载 ht-

tp：//www. justuslaw. com. tw/news_ detail. php？ class=150.

［81］ 江必新："司法审查强度问题研究"，载《法治研究》2012 年第 10 期。

［82］ 阮丽娟："环境公益诉讼原告诉权的限制"，载《政治与法律》2014 年第 1 期。

［83］ 吕忠梅："环境公益诉讼：想说爱你不容易"，载《中国审判》2012 年第 10 期。

［84］ 阮丽娟："环境公益诉讼原告资格的司法实践分析"，载《江西社会科学》2013 年第 12 期。

［85］ 齐树洁："台湾环境公民诉讼制度述评"，载《台湾研究集刊》2010 年第 1 期。

［86］ 徐昕："关注环境保护法修订：限制诉权即鼓励侵权"，载《南方都市报》2013 年 6 月 27 日。

［87］ 张千帆："司法审查的标准与方法——以美国行政法为视角"，载《法学家》2006 年第 12 期。

［88］ 王曦："规范和制约有关环境的政府行为——为《环境保护法》修改建言"，载《环境保护》2013 年第 16 期。

［89］ 李建良："永续发展与正当程序"，载《月旦法学杂志》2015 年第 240 期。

［90］ 金自宁、刘力豪："环境影响评价公众参与的司法审查机制完善"，载《中州学刊》2017 年第 2 期。

［91］ 于洋："高度专业性行政行为的司法审查路径——源于李君明诉环保局环境影响评价批复撤销案的思考"，载《公法研究》2016 年第 1 期。

二、外文文献

（一） 著作类

［1］ Ascher, William, *Knowledge and Environmental Policy*：*Reimagining the Boundaries of Science and Politics*, Cambridge, MA：the MIT Press, 2010.

［2］ K. C. Davis, *Discretionary Justice*：*A Preliminary Inquiry*, the United States of American：University of Illinois Press, 2004.

（二） 论文类

［1］ Lynton K. Caldwell, "Environmental Policy as A Political Problem", 12 （3） *Policy Studies Review*, （1993）.

［2］ Stephen Breyer, "Judicial Review of Questions of Law and Policy", 38 *Admin. L. Rev*, 363 （1986）.

［3］John Dwyer, "The Pathology of Symbolic Legislation", 17 *Ecology L. Q.* (1990) pp. 233~316.

［4］Christopher Forsyth and Mark Elliott, "The Legitimacy of Judicial Review", *Public Law*, 2003. .

［5］R. Pound, "Individualization of Justice", 13 *Columbia Law Review* 686 (1913).

［6］David, Dyzenahus, "Formalism's HollowVictory", *New Zeal and Law Review*, 2002.

［7］Matthew Cashmore et al, "The Interminable Issue of Effectiveness: Substantive Purpose, Outcomes and Research Challenges in the Advancement of Environmental Impact Assessment Theory", 22 *Impact Assment &Project Appraisal* 295, 296 (2004).

［8］Richard J. Pierce, Jr. , "Chevron and its Aftermath: Judicial Review of Agency Interpretations of Statutory Provisions", 41 *Vand. L. Rev.* 301, 304 (1988).

［9］Alden F. Abbott, "The Case Against Federal Statutory and Judicial Deadline: A Cost-Benefit Appraisal", 39 *Admin L. Rev*, 171, at 173 (1987).

［10］John D. Graham, "The Tailure of Agency-Forcing: The Regulation of Airborne Carcinagens under Section 112 of the Clean Air Act", 1985 *Duke L. J.* 100, at 100 (1985).

［11］Kenneth Culp Davis and Richard J. Pierce, JR. , "Administrative Law Treatise", 3rd ed. , vol. 1 (Boston: Little, Brown, 1994).

［12］World Bank, "Public Involvement in Environmental Assessment: Requirments, Opportunities and Issues", *Environmental Assessment Sourcebook Update*, October, 1993.

［13］Amanda C. Cohen, "Ripeness Revisited: The Implications of Ohi Forestry Association", *INC. V. Sierra Club For Environmental Litigation*, 23 Harv. Env. L. Rev. , pp. 547~561, (1999).

［14］Daniel J. Fiorino, "Environmental Risk and Democratic Process: A Critical Review", 14 *Columbia Journal of Environmental Law*, 501(1989).

三、判决类

［1］杭州市中级人民法院［2003］杭中行终字。

［2］福建省福安市人民法院行政判决书［2005］安行初字第 2 号。

［3］福建省宁德市中级人民法院行政判决书［2005］宁行终字第 66 号。

［4］上海市松江区人民法院行政判决书［2008］松行初字第 8 号。

［5］上海市第一中级人民法院行政判决书［2008］沪一中行终字第 168 号。

［6］河南省郑州市中级人民法院行政判决书［2012］郑行终字第 135 号。

［7］上海市第二中级人民法院行政判决书［2009］沪二中行终字第 225 号。

［8］南京市中级人民法院行政判决书［2010］宁行终字第 11 号。

［9］浙江省温州市中级人民法院行政判决书［2012］浙温行终字第 72 号。

［10］郴州市中级人民法院行政判决书［2011］郴行终字第 24 号。

［11］上海市第二中级人民法院行政判决书［2010］沪二中行终字第 16 号。

［12］Lord Hope of Craighead. Millar v Dickson, 1 W. L. R. 1615（2002）.

［13］Strycker's Bay Neighborhood Council v. Karlen, 444 U. S. 223（1980）.

［14］Sierra Club v. Adams, 578 F. 2d 389（DC Cir. 1978）.

［15］Robertsonv. Methow Valley Citizens Council, 109 S. Ct. 1835（1989）.

后 记

　　本书是在博士论文的基础上修改完成的。感谢导师吕忠梅教授的悉心指导，博士论文从选题、大纲的拟定到写作，甚至遣词造句无不凝集了老师的巨大心血，但学生生性愚钝、基础薄弱，恐未能领悟老师深意。老师博学睿智，每一次指导总能让我醍醐灌顶、茅塞顿开。无论在学术上还是生活上，老师的指导和关怀，就好比茫茫大海上的灯塔，不仅指明方向让我不至于迷失，同时亦使我倍感温暖。

　　感谢环境法研究所导师组的高利红教授和余耀军博士，高老师亦是我的硕士生导师，两位老师对我关爱有加，不断给予鼓励和支持。每次与高老师交谈，总能让我焦虑的学习情绪得以缓解，对未来重燃希望。

　　感谢开题答辩导师组温世扬教授、高利红教授、戚建刚教授、蔡虹教授对论文选题的肯定和睿智点拨，让我充满希望且在论文的写作过程中少走了许多弯路。感谢预答辩导师组戚建刚教授、高利红教授、徐涤宇教授、余耀军博士、尤明青博士对论文的修改完善提出的建设性意见，让我清楚地看到自己不敢去面对的盲点。感谢论文盲审老师通过给予"两优一良"的成绩带给我的鼓励；感谢答辩导师组吕忠梅教授、高利红教授、戚建刚教授、李启家教授在答辩中提出的宝贵建议。只是学生资质欠缺，且毕业后亦为生活琐事所纷扰，论文修改完善估计难以达到老师们的期许。

　　感谢身为农民含辛茹苦的父母，他们省吃俭用、辛勤劳作将我们姊妹三个送入大学校门，其中的艰辛和苦难常人无法体会，他们的养育之恩，我定会铭记于心，亦会不断努力宽慰、回报他们——我至亲至爱的父母。感谢公公婆婆，他们任劳任怨、善良淳朴，承担了本属于我的繁重家务，并把我当作女儿般宠爱，这是令人羡慕的幸福。感谢爱人田开友教授在生活、学术及精神上的陪伴。他是一个有智慧、有担当的男人，得此一伴侣亦是我今生幸事，论文的写作及此书的修改能够顺利完成均得益于他的辛勤付出，在我写作遭遇内心焦灼与迷茫时，他不断安慰与鼓励，而且也总能给我提供建设性意见，他在完成自己繁重的学习、工作任务的同时，分担着本属于我的工作及肩负照顾女儿的重任。感谢可爱的女儿田歌，求学阶段正是她2~5岁渴求母爱相伴的时期，情感细腻的她在我写作时常常萦绕身旁，不愿离去，女儿伶牙俐齿，聪明懂事，充满童真的话语常能驱散我的忧愁，带给我无尽的快乐和动力。感谢姐姐、姐夫、弟弟、弟媳的关心和鼓励，家事齐商量、共担负让我不再孤单和无助；感谢懂事好学的外甥女缘缘及聪明可爱的侄儿荣荣，小家伙们的童言无忌和时刻惦记，常让我忍俊不禁。在论文修改出书的过程中，上天亦恩赐于我珍贵的礼物，二宝田昧于2018年8月2日出生，从此，生命中又多了一份牵挂。

本书能顺利出版，衷心感谢常州大学史良法学院曹义孙院长、秦义书记、张建副院长的垂爱与关照，感谢常州大学史良法学院各位同仁的扶持与帮助，感谢中国政法大学出版社的丁春晖编辑为本书出版所付出的辛勤劳动。感谢所有不能一一列举的老师、同学、朋友、亲人。

阮丽娟

2019年9月于常州大学文彰楼